열한 가지 찐
창업 이야기

나는 나를 브랜딩한다

호서대학교
글로벌창업대학원생
창업사업가 11명 지음

열한 가지 찐
창업 이야기
나는 나를 브랜딩한다

초판 1쇄 인쇄| 2021년 05월 07일
초판 1쇄 발행| 2021년 05월 14일

지은이 | 호서대학교 글로벌창업대학원생 창업사업가 11명
          (곽준철, 김은경, 김현주, 박채연, 신승희, 양정숙, 이경섭, 이미경, 임현찬, 정이숙, 한현정)
기획| 호서대학교 글로벌창업 대학원 창업경영학과 박남규 교수, 리커리어북스 한현정 대표
디자인| 안선미
편집| 최선양, 이지영

펴낸곳 | 리커리어북스
등록번호| 제 2021- 000125호
출판등록| 2021년 04월 15일
주소| 서울특별시 강남구 언주로 134길 6, 202호 A224 (논현동, 성암빌딩)
전화| (02) 6958-8555
이메일| contact@mommyking.co.kr

ISBN | 979-11-974647-0-6 (13320)

책값은 뒤표지에 있습니다.

열한 가지 찐 창업 이야기

나는 나를 브랜딩한다

호서대학교
글로벌창업대학원생
창업사업가 11명 지음

신승희·박채연·양정숙
곽준철·정이숙·김현주

이경섭·김은경·이미경
한현정·임현찬

MOMMYKING
리커리어북스

프롤로그

호서대 글로벌창업대학원 창업경영학과 박남규 교수

'열한 가지 찐 창업 이야기'는 창업대학원생들의 창업 이야기를 정리한 실용서

창업을 전공하고 있는 대학원생의 관점에서 창업에 대하여 하고 싶은 이야기를 담았다. 현업에서의 전문성과 창업 이론을 결합하면서 느낀 점, 배운 점, 실천할 점을 중심으로 자신만의 관점으로 창업을 재해석하였다. 이론과 실무를 통해 독자에게 창업에 대한 안목을 제시하고자 한다. 제품기획 마케팅에서 연구개발, 제조, 유통, 세무까지 각자 다양한 분야를 개척하고 있는 창업전문가들의 이야기이다. 누구나 한 번은 예비창업자로서 공감할 수 있는 이야기는 독자에게 든든한 선배의 조언으로서 길라잡이가 될 것이다.

예비창업자 및 초기창업자를 위한 창업 오리엔테이션

열한 가지 찐 창업 이야기는 창업대학원 신입생 오리엔테이션에서 신입생 후배를 위한 선배의 조언이다. 선배가 후배에게 창업을 시작하면서 주의할 점을 이야기하듯 편하게 자신의 경험을 기초로 관점을 제시하고자 하였다. 창업을 먼저 전공한 선배로서 후배에게 자신의 경험을 이야기함으로써 창업에 대한 가이드를 제시한다. 창업에 관심이 있고 체계적인 창업 준비를 하고자 희망하는 예비창업자를 대상으로 창업 이론을 전공한 대학원생으로서 각자 자신의 분야에서 안목을 가지고 통찰력을 제시한다.

호서대 글로벌창업대학원생들의 전문성과 결합된 성공 창업관점 제시

호서대 글로벌창업대학원생은 30~50대가 주축이다. 각자 다양한 분야에서 왕성한 활동을 하고 있으며, 해당 분야에서 경험적 깊이를 확보한 전문가들이다. 현업에서 실무적 깊이를 기반으로 창업 분야에서 학문적 이론과 연구역량을 정립하기 위하여 학위 과정에 참여하고 있다. 창업은 종합학문이다. 경제, 경영, 마케팅, 기술경영 등 다양한 학문 영역을 아우르고 있다. 그러므로 열한 가지 찐 창업 이야기는 경제학적 관점에서 외부환경에 대한 시장분석, 경영학적 관점에서 내부역량 관리, 마케팅 관점에서 고객가치 기획, 기술경영 관점에서 사업화까지 다양한 영역을 관통하는 안목을 제시한다. 평소 하고 싶은 이야기를 각자의 전문분야에서의 궁금해할 만한 주제를 중심으로 옴니버스 형식으로 구성하였다.

창업에 대하여 누구나 공감할 수 있는 다양한 이야기

이 책은 창업을 준비하는 예비창업자에게 시행착오를 줄이며, 실전 창업에서 실무적으로나 이론적으로 기반을 제공한다. 창업대학원 선배들의 안목을 제시함으로써 자신의 위치를 확인하게 하며, 어떻게 창업을 준비할 것인가에 대한 로드맵을 제시할 것이다.

목차

코로나가 준 선물!
공간정리 창업으로
성공하다!

01

코로나 시대, 정리수납 자격증으로 위기에서 기회를 찾다
공간정리로 24평대 집을 32평대처럼 만드는 방법!
공간정리를 통해 치유를 꿈꾸다

공간치유정리전문가 | 신승희 ● flora7117@naver.com

꽃보다 언니 공간컨설팅 대표 | 현

호서대 글로벌창업대학원 창업경영학 석사 과정

경희사이버대학교 지속경영리더십학과 졸업

머니 코치, 재테크 강사 [나만의 셀프 돈 관리법, 부자 되는 방법 3가지] | 전

건강 강사 [강한 해독, 체온 1도씨 올리는 법, 건강과 다이어트, 다이어트와 호르몬의 관계] | 전

유튜브 강사 | 전

건대 롯데백화점 성인반: 나도 유튜브 크리에이터

건대 롯데백화점 키즈반: 1인방송 체험 스튜디오! 키즈 유튜버!

1인 미디어 크리에이터 직업체험 프로그램: 금호여중, 강동 청소년 센터, 광문 고등학교

코로나 시대,
정리수납 자격증으로
위기에서 기회를 찾다

나만의 일을 찾아 1인 기업가가 되겠다고 결심하다

2년 전, 40대 중반이었다. 다양한 일을 많이 했지만, 여전히 내 일을 찾으려고 헤매고 있었다. 내가 뭘 잘하는 사람인지, 뭘 해야 할지 잃어버렸다. 부동산 일도 사무실에 있는 게 답답해 1년 정도 하다가 그만두었다. 지인의 소개로 전에 하던 기업 컨설팅을 6개월간 했으나, 성과도 크게 내지 못하고 다시 생활고에 시달려야만 했다.

그때 결심했다. 나는 1인기업가가 되겠다고! 그래서 나만의 일을 꼭 찾겠다고!

20년 동안 영업, 머니 코치, 건강 강의, 유튜브 강의 등의 일을 했고, 머니 코치 일이 내 천직이라 생각하며 8년이나 했다. 남들은 한 분야에서 꾸준히 일하면서 성과를 내는데, 40대 중반이나 되었으면서도 나만 이렇게 헤매고 있다는 생각이 들기도 했다.

'나는 뭘 잘했던 사람이지? 나이도 40대 중반이나 되었는데, 뭘 해야 하나? 왜 나만 하고 싶은 일을 못 찾고 있는 걸까?'

삶에 대한 고민이 많았다. 더욱이 16년간 싱글 맘으로 살아왔기에 생계에 대한 부분은 철저히 가장이었던 내 몫이었다. 하루라도 쉬면 안 되는 상황에서 무언가는 해야 했다. 그 당시 아이가 대학에 입학했다. 기특하게도 근로장학과 아르바이트를 해서 따로 용돈을 주지는 않았다. 단돈 만 원. 그 돈이 내게 얼마나 절실한 돈이었는지 모른다.

평소에 관심 있던 유튜브 관련 강의를 하게 되었다. 유튜브 강의는 많지 않았지만 내가 좋아하는 분야의 강의였던 터라, 이 길을 내 일로 살려야겠다고 생각했다. 강의 의뢰가 들어오면 보조도 마다하지 않고 참석했다. 적은 돈이라도 최선을 다해 열정적으로 강의했다. 강의 후 평가가 좋아 재강의 요청도 받고, 주변 강사들의 소개로 학교, 백화점, 여러 기업 등 다양한 곳에서 강의할 수 있었다.

하지만 초보 강사라 강의비가 적었고, 생활하기에는 턱없이 부족했다. 결국 아르바이트를 알아보게 되었다. 하지만 인터넷 아르바이트 사이트를 보고 찾아가 보면 사이트에 올라온 내용과 다른 곳이 너무나 많았다.

자유롭게 일할 수 있는 청소 아르바이트

청소 아르바이트를 알게 되었다. 기본적인 청소 교육 이수 후 바로 할 수 있는 일이었다. 청소를 요청한 고객과 직접 시간을 맞추면 되었기에 일을 잡는 것 또한 어렵지 않았고 일도 많았다. 주 4회, 하루에 두 가구씩 청소했다. 아침 9시부터 일을 시작해 한 가구당 세네 시간 일하고 나면 오후 5시가 되었다.

청소 아르바이트를 시작했던 때는 가장 더웠던 8월이었다. 아침 9시에 첫 번째 집에 가서 세 시간 동안 일을 한 후, 오후 1시까지 두 번째 집으로 이동하려면 쨍쨍 내리쬐는 도심의 무더위를 뚫고 가야 했다. 밥 먹을 시간도 없어서 에너지 음료와 삼각김밥으로 점심을 때웠다. 하루에 만 보는 기본으로 걸었다. 한 달 만에 4킬로그램 정도 감량했으니, 공짜로 다이어트를 한 셈이다. 스쳐 가는 일이었지만, 고객 집에 가면 내 집이라 생각하고 최선을 다해 청소했다. 보통 출근하거나 외출 후 청소를 맡기는 경우가 많아서 신나는 음악을 틀어 놓고 청소했다. 남들보다 손이 빠른 편이라서 생각보다 일이 빨리 끝나는 경우가 많았다. 집안 정리가 안 되어 물건들이 쌓여 있으면 정리까지 해주고 나오는 경우도 종종 있었다. 그때 청소뿐만 아니라 정리정돈이 필요한 집이 많다는 걸 알게 되었다.

청소 일을 하자마자 최우수 사원이 되어 다른 사람보다 10%를 더 받았다. 고정 청소 요청도 많았지만, 이 일은 나만의 일을 찾기 위해 잠깐 머무는 곳이라 생각했다. 그것만큼은 내 자존심이 허락하지 않아서 받아들이지 않았다. 여름 내내 더운 도시를 뛰어다니니 집에 오면 땀 범벅이었다. 아들에게 창피해서 청소 일을 한다고 말하지도 못했다. 엄마로서 아이에게 당당히 일을 보여줘야겠다는 생각에 숨겼던 듯하다.

하루살이 같은 삶, 하지만 꿈이 있었다

청소 아르바이트 시간당 만 원. 최우수 사원이라 더 받은 10%를 더해도 만천 원 정도였으니, 8만 원 정도가 통장으로 들어왔다. 이것저것 내고 나면 다시 돈이 별로 없었다. 다시 청소하러 가야 했는데, 너무 가기 싫어서 어떨 때는 발이 떨어지지 않았다. 하지만 일을 해야 하는 상황이니 몇 번이나 나 자신과 싸움하다 갈 때도 많았다. 내가 언제까지 이 일을 해야 하나 싶었다. 3개월 안에 내 일을 찾겠다고 결심하며 다시 일하러 나서곤 했다.

영업과 강의를 하던 내가 모든 것을 내려놓고 청소 아르바이트를 한다는 건 큰 결심이었다. 살아야 했으니까……. 청소라도 하지 않으면 당장 돈이 없어서 생활을 못 할 수도 있는 상황을 뛰어넘어야 했다. 내 꿈과 현실 앞에서 그래도 웃으면서 하루하루 최선을 다해 살아내야만 값진 미래가 될 것이라 믿었다.

인생의 터닝포인트가 된 정리수납 자격증

어느 날 내 상황을 잘 알고 있는 친구 같은 여동생이 꿀 아르바이트 이야기를 해주었다. 바로 '정리수납' 자격증을 따보라고 권유해준 것이다.

"언니야, 정리수납 자격증 한번 따봐."

"그게 뭐야?"

"고객 집에 가서 옷 정리, 주방 정리 등을 해 주는 일이야. 언니가 셀프 인테리어도 좋아하고, 집 꾸미는 것도 좋아하니 잘 할 수 있을 것 같아. 그게 청소보다 시급도 더 높대."

"그래? 그럼 알아보고 바로 따야겠다."

바로 정리수납 자격증 2급 과정에 등록했다. 주 1회, 세 시간씩 4주 동안 다닌 후 2급 자격증을 따고, 바로 1급 자격증까지 땄다. 정리수납 자격증을 딴 후, 나의 터닝포인트 인생이 시작되었다. 하지만 그때는 이렇게 될 거라고 전혀 상상하지 못했다.

공간정리로 24평대 집을 32평대 처럼 만드는 방법!

내 일은 네 가지였다

정리수납 자격증을 따긴 했지만, 공간정리 일을 바로 한 것은 아니었다. 어떻게 그 일을 시작해야 할지 솔직히 잘 몰랐다. 그래서 자격증을 딴 후에도 청소 아르바이트와 유튜브 강의를 틈틈이 했다.

어느 날 지인이 '코지'라는 강연장에서 출판 강연을 하게 되었다. 그곳은 필요한 사람들에게 강연장을 대여해주는 곳이었고, 마침 지인과 코지 대표가 알던 사이였다. 인사를 나누던 중 유튜브 강의와 청소 아르바이트를 같이 한다고 하니 좋게 보셨는지, 청소 일을 하지 말고 강연장 대여 매니저를 해줄 수 있느냐 제안했다. 그때부터 그 일을 하기 시작했다. 청소할 때와 같은 시급으로 강연장 매니저를 하면서 건대 롯데백화점에서 유튜브 강의도 일주일에 한 번씩 했다. 틈틈이 블로그를 통한 부동산 마케팅까지, 총 네 가지 일을 하며 치열하게 살았다. 하지만 계속 이렇게 살고 싶지 않았다. 나는 나만의 일을 찾고 싶었다.

공간정리는 틈새시장이다

나를 찾는 고객이 없다 보니, 고객을 연결해주는 온라인 플랫폼을 이용해 주 2회 자유롭게 공간정리 일을 했다. 공간정리 일을 같이하니, 수입이 올라서 생활도 괜찮아졌다.

처음으로 공간정리를 했던 고객 집이 생각난다. 퇴근 후 아이 방 정리를 요청해서 깜깜한 밤길을 지나 아파트에 들어가, 아이 방을 정리했다. 그때 제시한 공간정리 비용은 5만 원이었다. 아이 방과 장난감 등을 정리하고 나니 시간이 남아서 붙박이 수납장까지 정리했다. 그걸 본 고객이 너무 좋아하면서 고맙다며 돈을 더 주었다. 방에도 잘 안 들어가던 아이가 웃으면서 들어가 노는 모습을 보니 뿌듯하고 행복했다. 어떤 날에는 아침 열 시부터 밤 열한 시까지, 두 가구를 정리하고 받은 수입이 65만 원이었다. 그렇게 할 수 있었던 이유는 내 손이 워낙 빨랐기 때문이다. 두세 명이 필요한 일을 나는 혼자서도 척척 해낼 수 있었다.

코로나가 지속되던 2020년 3월, 건대 유튜브 강의가 코로나 여파로 중단되었다. 부동산 일도 잘 풀리지 않게 되었다. 하지만 공간정리 일을 주 2회 하면서 200만 원 정도 벌고 있었다. 나는 이것이 틈새사업이라는 확신이 들었다. 그래서 주 4회로 늘려 일해 보자고 결심했다.

정리는 인생의 모든 것을 바꾼다

공간정리 일을 하기 위해 무조건 부딪히며 고객 집을 찾아다녔다. 견적 보는 것을 직접 하지 못하다 보니, 너무 저렴한 가격에 정리해 준 적도 많았다. 일주일에 네 번씩 정리 일을 하면서 정리 관련 책을 사서 보고, 정리 관련 유튜브도 보기 시작했다. 그 중에 곤도마리에의 "정리의 힘"이란 책을 읽으면서 정리에 대해 다시 한번 생각하게 되었다. 곤도마리에는 그 책에서 "설레지 않으면 버리라. 정리는 인생의 모든 것을 바꾼다!"라고 했다. 나 또한 공간정리를 하면서 고객들의 '삶'이 보이기 시작했다.

아들을 잃은 후, 엉망이 된 부모님 집을 정리해 달라고 요청했던 고객. 이혼 후 딸이 집에 같이 살게 되었으나 살도 찌고 물건이 넘쳐나서 정리를 요청했던 고객. 그들의 집을 정리해 주니, 고맙다며 눈물을 흘리기도 했다.

처음 한 달 동안은 혼자 일을 다녔다. 하지만 20평대, 30평대는 혼자 일하기가 만만치 않았다. 그래서 온라인을 통해 두 명의 공간정리 전문가를 만나 함께 일하게 되었다. 지인의 남동생도 합류하여 가구배치까지 할 수 있게 되었다. 동료들과 함께 일하니 든든하고 힘이 났다. 그리고 훨씬 더 능률적으로 공간정리를 할 수 있었다.

24평대 집을 32평대처럼 만드는 방법

공간정리와 가구 재배치를 하고 나면 보이지 않던 공간이 보이고, 그곳은 새로운 공간으로 다시 태어난다. 정말이지 적은 비용으로 인테리어를 한 효과까지 볼 수 있다고 해야 할까? 24평대 집을 32평대처럼 만드는 방법! 그건 바로 공간정리와 가구 재배치다.

고객들의 공간정리 요청은 다양하다.

"정리를 제가 잘 못 해요. 집이 완전 엉망인데, 가능할까요?"

"드레스 룸을 아이 방으로 바꿔주세요"

"방 하나가 완전 창고가 됐어요. 정리가 가능할까요?"

"정리하면 집을 좀 더 넓게 쓸 수 있을까요?"

"사무실을 이전했는데, 어떻게 해야 할지 모르겠어요. 공간컨설팅이 가능한가요?"

고객들이 요청했던 것 중 공간정리와 가구 재배치를 통해 공간이 어떻게 바뀌었는지 사진으로 소개해 보겠다.

처음엔 혼자 했던 정리 일을 3개월 동안 네 명이서 하다가 지금은 열 명이 넘는 사람들과 함께하고 있다. 가구 재배치를 위한 공간정리 기사도 다섯 명 정도 있으니, 지금은 식구가 많이 늘었다. 공간정리를 통해 공간에 가치를 부여하고, 새로운 공간을 만드는 내 일이 난 너무 좋다.

'꽃보다 언니 공간컨설팅'은 꽃벤저스 팀

2020년 3월, 열 명이 넘는 공간정리 전문가들과 현장을 함께 뛰었다. 꽃보다 언니 공간컨설팅을 통해 우리는 함께 성장하며 함께 성공을 꿈꾼다.

'꽃보다 언니 공간컨설팅'이라고 이름 지은 이유는 꽃을 보면 설레고 행복하듯, 고객들이 '꽃보다 언니 공간컨설팅'을 만나면 행복해지길 바라는 마음에서였다.

우리는 꽃벤저스 팀이다.

어벤저스처럼

각자 다른 정리법을 가지고 있지만,

함께라는 이름으로

'꽃보다 언니 공간컨설팅'을 함께 만들어간다.

공간정리를 통해
치유를 꿈꾸다

공간정리는 좋은 에너지를 채우는 일이다.

꽃벤저스 팀원들과 일을 하러 갈 때 항상 하는 말이 있다.

"우리는 단순히 정리만 하는 사람들이 아니라 좋은 에너지를 주는 사람들이에요. 그러니 좋은 기운을 가지고 고객 집을 정리해야 합니다."

그리고 또 하나 "즐겁고 신명 나게 일하자."라고 말한다. 좋은 기운은 전달되게 되어 있다. 특히 오래되고 낡은 물건을 정리하는 일이기 때문에 정리된 공간에 좋은 기운과 좋은 에너지를 채우고 온다고 생각한다.

공간정리는 삶을 나누는 일이다

1인 가구부터 6인 가구, 10평 미만부터 60평대 가까이 되는 수많은 고객 집을 정리하면서 느낀 것이 많다. 물건에는 사람의 삶이 고스란히 묻어있다. 겉보기에 괜찮아 보여도 물건의 무게만큼 삶의 무게 혹은 마음의 무게가 느껴진다. 실제로 고객과 이야기를 나누다 보면 겉으로 보이는 삶이 아닌, 보이지 않는 진짜 삶을 볼 수 있었다.

불안하거나 마음이 우울한 고객은 심리적으로 평온이 없기 때문에 허한 마음을 채우기 위해 물건을 사들인다. 간혹 새 물건이 아닌 쓸모도 없는 물건을 집에 쌓아 놓기도 한다.

정리가 끝난 후 고객들은 다양한 반응을 보인다.

"우리 집이 아닌 것 같아요"

"새로 이사 온 것 같아요."

"우리 아이가 아이 방에서 공부를 해요."

"어머나! 우리 집이 이렇게 넓었나요?"

"정리가 안 될 줄 알았는데, 이렇게 정리가 다 되네요."

"그 많던 옷과 물건들이 어떻게 정리가 된 거예요?"

이런 말을 들으면 행복하고 뿌듯하다. 아무리 물건으로 가득 찬 방이라도 한번 쓱 보면 어떻게 정리해야 할지 머릿속에 그림이 그려진다.

공간정리에도 순서가 있다

정리를 어떻게 진행하는지 궁금한 사람들을 위해 간단히 공간정리 순서를 기술해보겠다.

공간정리 첫 번째 단계는 정리해야겠다는 '마음가짐'부터이다. 고객 스스로 결단하지 않으면 정리는 힘들다.

1인 가구부터, 가정집, 사무실 창고 정리, 한복집, 맥줏집, 오픈 전 공간 정리와 가구 재배치까지 다양하게 해보았다. 매달 서른 곳 넘게 정리를 한다. 하지만 정말 해보고 싶은 곳은 바로 의뢰인이 자녀인 경우이다.

자녀들은 대부분 부모님 집을 정리해 달라고 의뢰한다. 의뢰인의 요청으로 부모님 집에 방문해서 견적을 작성하고 어떻게 정리를 진행할지 말한다. 그런데 그 자리에서는 정리할 것처럼 말하지만, 며칠 뒤엔 버릴 게 하나도 없다며 거절한다. 정리하기로 결정한 듯했으나, 다시 망설이다 더 이상 진행되지 않는 경우도 많았다.

나 또한 시골 부모님 집을 정리했던 일을 생각하니 알 것 같다. 아빠 서재의 책장을 정리하면서 30년 된 서류도 봤다. 오래된 물건은 추억의 물건이고, 모든 물건은 다 쓸데가 있다고 생각 한다. 이게 부모들의 마음가짐이다. 그래서 정리하기 쉽지 않을 때도 많다.

정리의 두 번째 단계는 '비우기'다. 비우기 안에는 오래된 옷이나 물건 중 불필요한 것들을 버리는 것도 포함된다. 버려야 공간이 생기고, 새로운 공간에 새로운 물건을 넣을 수 있다. 그러기 위해서는 버리기의 '기준'이 필요하다. 우리는 고객의 옷과 물건들을 모아 놓고, 기준을 잡아준 후 버릴 수 있게 도와준다. 예를 들면 추억의 물건 중 가장 소중히 여기는 것만 남기기, 3년이 지나도 입지 않은 옷 버리기, '언젠가는 쓰겠지' 하고 놔둔 물건 중 몇 년 동안 안 쓴 물건 버리기 등 버리는 기준을 잡아준다.

집안 곳곳에 있는 옷이나 물건을 꺼내면 고객들의 반응은 하나같다.

"어머나! 나한테 이런 옷이 있었네요!"

"입으려고 몇 번을 찾았는데, 여기 있었네요."

"어머나! 우리 집 물건이 이렇게 많은지 몰랐어요."

"우리 집에 이런 물건이 있었는지 몰랐어요."

집안 곳곳에서 옷과 물건이 쏟아져 나오면, 그제야 버려야겠다고 인식하고 버리기 시작한다.

세 번째 단계는 '자리 지정'이다. 공간을 어중간하게 사용하는 게 아니라 공간마다 역할을 부여한다. 아이 방, 드레스 방, 안방, 거실, 주방. 각 공간의 이름에 맞는 물건이 있을 때, 정리되지 않은 물건도 제 자리를 찾아간다.

마지막 단계가 바로 '정리'다. 각 공간에 맞는 분리와 각 방의 역할이 정해지면 물건들의 자리가 정해지고, 그다음에 정리를 시작한다.

새로운 나의 비전

쉼 없이 공간정리 사업을 하며 1년을 달려왔다. 무대뽀로 미친 듯이 현장을 뛰었고, 기본 여덟 시간도 모자라 일주일에 두 번은 열 시간, 열세 시간씩 일했다. 1인 가구든, 60평대든, 사무실 창고 정리든, 가게든 마다하지 않고 무조건 일을 잡았다. 그리고 팀원들과 함께 경험과 실력 쌓기에 집중했다. 부딪히고 또 부딪혔다.

사업 초기엔 '꽃보다 언니 공간컨설팅'을 찾는 고객들이 없었기에 무조건 일을 잡았다. 내가 일을 가져오지 않으면, 팀원들에게 일당을 줄 수 없었기 때문이었다. 그것은 곧 그들의 수입과 생계로 연결된다. 그렇게 책임감을 가지고 함께 현장을 뛰고, 직접 부딪히며, 공간 정리에 대한 가치를 나누다 보니 지금은 팀원들의 실력이 쌓여서 척척 일을 잘 해낸다.

불과 2년 전만 해도 어떤 일을 해야 할지 몰라 네 가지 일을 병행하면서 생계를 걱정하던 가장이었다. 40대 중반이었음에도 여전히 미래와 내 일에 대한 고민을 하고 있었다. 청소를 하면서 하루살이처럼 살아야 할 때도 있었지만, 절대 버리지 않았던 마음속 희망 하나는 '나만의 일을 꼭 갖겠다'는 결심과 꿈이었다.

청소를 하든 어떤 일을 하든 내 사업, 내 일처럼 주도적이고 적극적으로 일을 했다. 지금의 내 모습이 전부가 아니니까. 난 분명 더 잘 될 거라 믿고 달렸다. 그리고 드디어 나만의 일, 나만의 비전을 찾았다.

정리업계가 10년이 넘었지만, 틈새시장이라고 확신했고 지금도 그 마음은 변함없다. 위기 속에는 항상 기회가 있다. 나 자신을 믿는다면 반드시 불행 속에서 희망은 있다고 생각했다.

나와 함께하는 공간정리 전문가 동료들은 함께 성장했고, 함께 꿈을 꾼다. 지금은 공간정리와 가구 재배치 등이 주 업무지만, 1:1 정리 코칭 영역, 정리 강의 등 하고 싶은 영역이 많다. 그래서 하나씩 시도하고 부딪혀본다.

여성들에게 일자리 창출과 비전을 보여주고 싶다

현재 월 매출은 2000만 원 정도이고, 올해 연매출 3억 원 정도를 목표로 하고 있다. 한 번밖에 없는 인생, 누구보다 가슴 뜨겁게 삶을 살고 싶다. 공간정리를 통해서 많은 여성에게 일자리 창출과 비전을 보여주고 싶다.

내가 1인기업가를 꿈꾸었고 결국 이루어가고 있듯이, 함께 일하는 팀원들도 공간정리를 통해 1인기업가가 될 수 있도록 도와주는 것이 내 새로운 꿈이다. 그래야 비전도 수입도 올라갈 수 있기 때문이다.

지금 어떻게 살아야 하는지, 내가 뭘 해야 할지 고민이 되고, 내가 살아가는 삶의 이유를 모를 수도 있다. 목표도 중요하고 삶의 이유를 만들 필요도 있지만 잊지 말아야 할 것은 삶의 이유들보다 당신의 삶이 더 소중하다는 것이다. 설령 벼랑 끝에 서 있더라도 절대 내 자신을 놓지 마라! 그럴 땐 하루

하루의 삶에 충실하면서 살아보는 것도 괜찮다.

나 또한 그러한 삶을 지나 다시 새로운 꿈을 꾸고 또 다른 삶을 살아가고 있으니까. 1%의 가능성만 있다면 삶은 다시 '희망'이란 이름으로 당신에게 크나큰 선물을 줄 것이야.

누군가에게 희망이 되는 사람이고 싶다.
공간정리를 통해 공간을 정리해주는 것뿐만 아니라 마음도 치유할 수 있는 진정한 '공간치유정리전문가'가 되고 싶다.

40대 경력단절 여성의 창업 이야기

'일경험지원사업'을 통해 취업 성공

재미나게 일하다 보니 창업! 연매출 2억 원 달성

가성비 갑(甲) 인테리어필름 시공 상품으로 공간을 재생시키다

인테리어공간재생 전문가 ｜ 박채연 ● pcy9136@gmail.com

HK인테리어연구소 대표 ｜ 현

한국1인미디어창직창업협회 미추홀센터장 ｜ 현

중소기업중앙회 희망일자리센터 전문위원 ｜ 전

여성인력개발센터 직업상담사 ｜ 전

서울동대문구 전농동 통장 역임 ｜ 전

호서대 벤처대학원 벤처경영학 박사과정

호서대 글로벌창업대학원 창업경영학 석사 졸업

경희대 원예학과 졸업

자격 : 직업상담사 2급

논문 발표 [인테리어필름시공상품속성과 고객주거특징이 소비자구매의도에 미치는 영향에 관한 연구]

수상 : 우수졸업논문상 호서대학교 글로벌창업대학원장(2020)

소상공인 인테리어 강의

소상공인 유튜브 상점홍보 강의

'일경험지원사업'을 통해 취업 성공

집필동기

1. 경력단절여성에서 취업 성공을 위해 노력하면서 배운 점을 기술하였다.

   이를 통해 취업을 준비하는 중장년층에게 정보전달과 동기부여를 하고 싶다.

2. 직업상담사에서 적성을 파악하여 인테리어필름 시공 기술을 배우는 과정을

   기술했다. 프리랜서에서 사업자 등록을 하게 된 계기를 기술하였고 창업 후

   성장 과정을 기술하여 창직을 준비하고 있는 중장년층에게 도움이 되고자 한다.

3. 인테리어 분야에 6년째 근무하며 창업을 준비하면서 필수적인 인테리어비용에

   관해 기술하고 좀 더 효율적인 방법을 제시하고자 한다.

경력단절 후 첫 직장은 여성인력개발센터

40대가 넘어 경력단절이 되었다. 고령 출산과 폐업으로 인한 자연스러운 결과였다. 1년 동안 육아에 전념 후, 취업 준비를 했다. 처음 찾아간 곳은 서울 고용노동부 고용센터였다. 직업상담사의 친절한 상담을 받았고, 4주간의 실업자직업훈련 교육을 마친 후 내일배움카드를 발급받았다. 고용센터에서 운영하는 직업 선호도검사 중 홀랜드(Holland) 직업성격유형의 여섯 가지 유형을 검사해 본 결과, 사회성과 진취성 비율이 높아 취업 진입장벽이 비교적 높지 않은 직업상담사 직업을 선택했다. 취업이 절실했기 때문에 하고 싶은 일을 찾기보다 지금 당장 할 수 있는 일을 찾아야 했다. 참고로, 홀랜드 직업성격유형은 다음과 같다.

코드	진로 코드	성격 적성	대표적 직업
R	현실형	솔직, 성실, 소박, 검소, 과묵, 신체적, 활동적,기계적	기술자, 엔지니어, 농부, 정비사, 전기기사, 운동 선수
I	탐구형	탐구심, 지적 호기심, 논리적, 분석적, 합리적, 수학적, 과학적	과학자, 의사, 화학자, 물리학자, 인류학자
A	예술형	개방적, 자유 분방, 상상력, 감수성, 창의성, 예술적	예술가, 연예인, 소설가, 음악가, 미술무용가
S	사회형	봉사적, 친절, 이해심, 인간관계 중시	사회 복지사, 상담사, 교사, 종교인, 간호사, 유치원 교사
E	기업형	열정적, 팽창적, 야심적, 통솔력, 설득력, 언어 적성	경찰, 정치가, 판사, 영업사원, 보험 회사원
C	관습형	계획성, 책임감, 조심성, 사무 능력, 계산능력	사서, 세무사, 경리, 행정직, 은행원, 감사원

[참고: 고용노동부 워크넷 홀랜드직업선호도 검사]

두 아이를 어린이집에 맡긴 후 열심히 교육을 받아 그해에 자격증을 취득했다. 바로 고용센터에서 운영하는 '일경험지원사업'에 참여했다. 일경험지원사업은 취업을 준비하는 실업자들에게 중소·중견 기업의 일경험기회를 제공함으로써 직무경력과 정규직 취업 가능성을 제고하고 중소기업 등의 인력난 해소에 기여하는 유익한 사업이다.

일경험지원사업을 통해 첫 출근을 한 곳은 여성인력개발센터였다. 맡은 업무는 인포메이션에서 초기 상담 및 출석 체크였다. 여성인력개발센터는 민·관협력기관으로 여성새로일하기센터, 취업성공패키지, 인력개발사업 등을 하고 있으며, 경력단절여성 복귀 지원을 위한 취업 지원 및 인력개발, 고용 서비스, 실업자직업훈련 교육, 근로자직업훈련 교육은 물론 자체적으로 운영하는 유료 교육, 직업상담, 직업상담프로그램 등을 운영하는 비영리기관이다. 서울 한복판에 위치한 여성인력개발센터라 프로그램도 다양했고, 내방고객들도 끊이지 않았다. 여러 수업이 한꺼번에 마칠 땐, 사무실이 북새통이 되기가 일쑤였다.

직무를 수행하기 위해 먼저 운영하는 교육 프로그램을 숙지했다. 내방객들의 문의 사항을 순조롭게 응대하며 고객의 욕구를 파악하여 알맞은 교육 과정을 소개했다. 다음으로 수많은 수강생의 이름을 암기하여 "OOO 선생님"이라 불러주었고, 친절한 인사와 행동으로 취업 활동을 진심으로 응원했다. 이런 내 모습을 본 여성인력개발센터 관장은 "이렇게 수강생들을 관리하는 사람은 처음 보았다"라고 말했다. 4개월간의 일경험지원사업 기간이 끝나갈 무렵, 관장이 유료교육 매니저로 일해줄 것을 제안했다.

경력단절여성에서 7개월 만에 정규직 직원이 되다

유료교육과정은 60여 가지였다. 우선 모든 교육과정에 대한 수강생들의 선호도, 강사의 강의력 등을 파악한 후, 전 과정을 개설하기보다 강의력과 수강생 선호도에 따라 선택과 집중을 하여 개설했다. 교육 활성화를 위해 SNS 마케팅, 블로그 운영, 지역 자치 센터와 연계한 프로그램 운영 등을 실시했다. 그 결과, 유료교육과정 연 매출액 2억 3천만 원을 이루어냈다. 전년도 매출보다 약 4배 이상 성장시켰다. 애정을 가지고 사장처럼 직무를 하다 보니 자연스럽고 뿌듯한 성장이었다. 그럼에도 불구하고 월급은 그대로였고, 직원들의 질투 대상이 되어 직장에 대한 회의를 느꼈다. 많은 고민 끝에 이직을 결심했다.

중장년 전직 성공하려면 갖추어야 할 노하우

두 번째 직장은 중소기업중앙회 중장년 일자리희망센터의 전문위원으로 1년 11개월 동안의 계약직이었다. 직무는 협력사 발굴, 중장년층 직업상담, 재도약 취업, 창업 프로그램 강의, 중장년층 취업 알선 등이었다.

인생 이모작 시대, 50대에 정년퇴직한 후 새로운 직업을 갖는 것은 이젠 당연한 일이다. 100세 시대가 눈앞으로 다가온 가운데 전문가들은 꾸준히 자기계발을 통해 직무 전문성을 확보하라고 조언한다.

재취업을 원하는 중장년 구직자가 갖춰야 할 노하우는 다음과 같다.

[자료 : www.keis.or.kr 발간 커리어 Info]

1. 꾸준한 자기계발을 통한 직무 전문성 확보

2. 직무 강점 중심의 전직 목표설정

3. 지원 분야별 맞춤형 이력서 달성

4. 현장 중심의 적극적인 구직활동

5. 긍정적 태도와 원만한 대인관계

6. 고용환경변화의 이해와 우수한 정보 활용능력

위의 6가지 노하우에 한 가지를 더 첨가하고 싶다. 바로 '적성'에 맞는 일을 찾으려는 '열정'이다. 20~30대의 경험과 자아 성찰을 통해 50대 재취업·창업은 높은 성과보다는 안정적이고 스스로 만족도가 높은 일을 해야 한다고 생각한다.

최근 인테리어 업무를 하다 만난 추인근 대표는 직업이 두 가지다. 하나는 전력회사의 정직원이고, 두 번째는 목공 기술자 겸 인테리어 총괄 담당자이다. 그는 그저 나무가 좋아 목공 기술을 배웠다고 한다. 배운 목공 기술로 가구를 만들어 지인들에게 선물해 주었고, 집안도 고치기 시작했다. 취미로 배운 목공 기술로 멋진 작품을 만들다 보니 지인들에게 의뢰를 받기 시작했다고 한다. 현재는 소개만으로 아파트 리모델링, 공장 리모델링 등 인테리어에 관한 모든 것을 실험정신을 가지고 거침없이 해결해 나가고 있다. 본업인 전력회사에서 언제 퇴직할지는 모르나, 퇴직 후 어떤 직업을 가질 지는 확실하게 알 수 있다. 이렇듯 중장년층은 기존 직장을 다니면서 자신이 무엇을 원하는지 내면의 소리를 듣고 그것을 가볍게 시작해 보는 것이 매우 중요하다.

나 또한, 취미활동에서 적성을 찾아 전직한 사례이다. 남편이 혼자 직장 생활을 했던 시절, 알뜰한 생활은 필수였다. 때문에 가구 리폼, 두 아들 이발하기, 낡은 현관 페인팅하기, 생활에 불편한 물건을 활용도에 맞게 변형시켜 재사용하기 등 손재주로 돈을 아꼈다. 이런 활동이 즐거웠고 결과물을 뿌듯하게 바라보며 행복했다.

내 선택은 인테리어필름

인테리어 분야에 더욱 관심 갖게 된 계기가 있다. 마침내 생애 최초 아파트를 구입하게 되었는데, 역세권이지만 낙후된 아파트라 리모델링이 필요했다. 보일러, 창호, 마루, 욕실, 도배 등을 리모델링하면서 생각보다 많은 비용을 들이게 되었고 '좀 더 공부하고 인테리어를 시작했더라면 비용을 아낄 수 있었을 텐데' 하는 아쉬움이 있었다. 당시 안 쓰는 물건을 리폼하여 사용하는 재미와 인테리어 정보를 검색하는 재미에 푹 빠져 있었다.

직업상담사 계약 기간이 만료되어 실업급여를 받고 있을 때 고민 끝에 진로를 인테리어 분야로 결정했다. 재취업 과정 또한 고용노동센터 취업지원 프로그램의 도움을 받았다. 각종 인테리어 직업훈련학원을 검색하였고, 직접 방문하여 훈련과정의 상세한 내용과 취업 가능 여부 등을 상담받았다. 그 결과 선택한 것은 '인테리어필름'이었다.

인테리어필름은 건축자재의 마감재로 공장에서 완제품으로 나올 때 기계를 사용하여 열과 압축으로 래핑한다. 시중에서 보는 대부분의 건축자재 마감은 인테리어필름이다. 인테리어필름 래핑 기술로 '쓰임새는 남아있지만 헌것이 된 가구나 문, 창호' 등을 새것으로 변신시킬 수 있다. 환경호르몬이나 냄새도 거의 없어 시공 후 바로 생활하기에도 지장이 없다. 가구를 리폼하면서 즐거웠던 경험이 있었기에, '아, 이거구나!'하는 생각이 들었다. 자석에 이끌리듯 인테리어필름 학원에 등록하고 2개월 동안 320시간 과정을 신나게 배웠다.

재미나게 일하다 보니 창업! 연매출 2억 원 달성

인테리어필름 시공자의 길

'사무직'에서 '현장직'으로 전직하면서 다른 사람들의 평가나 판단에 마음 상할 때도 있었다. 그러나 아이들을 돌볼 시간적 여유를 갖게 되면서, 경매를 이용해 아파트 낙찰을 받아 셀프 인테리어를 해보자는 호기로 인테리어필름 시공자의 길로 들어섰다.

전문직업훈련학원에서 320시간 교육을 받은 후 일당으로 일을 시작했다. 현장직이 처음이라 걱정되었지만 작은 일부터 잘해 나가면 된다는 신념이 있었기에 용기를 갖고 시작할 수 있었다.

남성이 95% 이상 되는 인테리어업계에서 살아남으려 누구보다 치열하게 노력했다. 팀장이 주문한 일들은 꼼꼼히 메모했고, 일의 진행 사항을 체크해서 실수를 줄였다. 또한 선배기술자들에게 하나라도 배우기 위해 노력했다. 새로운 동료들과 일을 했지만, 한번 만난 동료를 홀대하지 않고 존중했다. 좋은 점은 함께 일하기 싫은 사람은 다음에 만나지 않으면 되는 것이었는데, 이것은 프리랜서의 특권이었다.

어느새 일을 함께 해봤던 실장들이 연달아 예약을 하기 시작했고, 한 달에 25일 이상 일을 하게 되었다. 그렇게 1~2년 동안 신나게 전국을 돌아다니면서 일했다.

그러던 어느 날, 같이 일하던 선배가 인테리어 업자를 소개해주었다.

"일을 하려고 하는데 사람을 구할 수 없어 진행 못하고 있으니 네가 한번 해볼래?"

걱정되었지만 나는 못 먹어도 GO! 우선 해보는 성격이다.

"한번 해 볼게요."라고 대답했다.

처음으로 맡은 현장은 이전에 약속했던 일과 겹치는 바람에 하루에 스무시간 이상 일을 해야 했다. 구두(口頭) 약속이 생명이란 신념으로 약속을 지키기 위해 아무 일도 취소하지 않았고, 새벽 다섯 시까지 일을 마치고 다시 아침 여덟 시까지 출근하기도 했다.

내부 마케팅 덕분에 매출 신장

내부 마케팅이란, 기업 내부의 종사원을 내부고객으로 인식하여 그들을 대상으로 욕구에 맞는 직무를 제공하고 계획하고 실행하는 마케팅 활동이다. 일당으로 일을 할 때 만난 동료들을 존중하고, 그들과 신뢰를 쌓았던 것이 빛을 발하기 시작했다. 내 주변에는 일을 잘하는 사람들이 모여들었다. 동료들 사이에도 '일은 꼼꼼히 시키지만, 대우를 확실히 챙겨주는 실장'이라는 평판이 돌았다. 기술 좋고 팀워크가 잘되는 동료들과 함께 일할 수 있었고, 맡겨진 현장을 잘 해결해 나갈 수 있었다. 인테리어 업자와의 관계에서도 갑을 관계로 보기보다는 파트너십을 가지고 그들의 요구를 해결해 주고자 노력했다.

한번은 인천 중부발전소의 직원 휴게소 개선사업에 참여했다. 일을 마치고 퇴근하려는데, 2층에서 누군가 내려와서 말했다.

"급하게 선반 하나만 시공해 줄 수 있나요? 필름은 제가 구해 올 수 있어요. 오늘까지 마감해야 하는데 시공기술자가 없어서요. 해 주실 수 있나요? 부탁 좀 드릴게요"

하루 에너지를 다 써버려 피곤했던 나와 팀원들은 모두 마음속으론 '죄송해요, 이미 오늘 사용할 에너지를 다 썼어요. 다음 기회에 해 드릴게요.'하고 뒤돌아 나오고 싶은 마음이었다. 그러나 간곡한 요청을 거절하지 못하고 2층 선반을 시공하기 시작했고, 저녁 아홉 시가 넘어서야 작업이 끝났다. 이에 인천 중부발전소 시설감독관과 보령 중부발전소 시설개선사업 하청회사 사장과 인연이 되어 보령화력발전소 환경개선사업에 몇 년간 참여하게 되었다.

보령화력발전소 환경개선사업은 약 20억 원 이상의 사업이었으며 나는 전체의 인테리어필름 시공과 유리창 단열재 선팅 작업 등에 참여하여 사업비로 약 8천만 원 정도의 수주를 받았다.

또한 서울 한남동에 위치한 순천향대학병원 7~9층 별관 리모델링 사업에 참여하여 3천만 원 수주하였으며, 마포 국민은행 리모델링 사업, 은평뉴타운지점 하나은행 개설 시 시공, 신한은행 스타시티 금융센터, 신협, 수협, 인천 주안동 새건병원 개원사업, 요양병원 등 은행과 병원 개·건축사업에 참여하여 시공했다.

[보령화력발전소 환경개선사업]

[국민은행 리모델링]

[웨딩컨벤션센터 리모델링]

연안식당, 고래식당 등 프랜차이즈 사업에 참여하여 파주, 건대, 강서, 송도, 옥련동, 주안 등 1년간 18개 점포 개업공사에 참여했다. 부천 프리존 건물 내의 컨벤션 웨딩홀 뷔페, 작전동 카리스호텔 웨딩홀 등 상업공간도 시공하였다.

2018년에 시공했던 숙박업 리모델링 사업은 재미있는 경험이었다. 모텔 하나에 30~40개의 룸을 인테리어필름과 다양한 마감재로 각각의 컨셉트를 가진 개별공간으로 재탄생 시킨 작업이었다. 숙박업소의 룸을 모두 구경하는 신기한 경험이었다.

현재는 아이들과 보내는 시간을 늘리기 위해 먼 시공 현장을 줄이고 가까운 현장 중심으로 수주를 받고 있다. 한 달에 10~15건의 시공을 하고 있고, 월 매출액 2~3천만 원 정도이다.

[아파트 리모델링]

선하고 강한 기업이 되기 위해

인테리어필름 시공을 시작한 지 6년이 지난 지금은 3인 사업장이 되었고 달팽이처럼 조금씩 성장하고 있다. '선하고 강한 기업'이 되기 위해 노력하다 보니, 배움이 필요했다. 그래서 호서대학교 글로벌창업대학원 석사과정을 졸업했다. 바로 이어 호서대 벤처대학원 박사과정을 공부하고 있다. 호서대에서 박남규 교수와 다양한 분야에서 치열하게 살고 있는 대학원 동기들을 보며 새로운 에너지와 도움을 받는다. 특히 박남규 교수는 랩실의 대학원 동기들에게 퍼스널 브랜딩을 강조하고 이를 실현하기 위해 끊임없이 나침반 역할을 한다. 이에 감사할 따름이다.

가성비 갑(甲) 인테리어필름 시공 상품으로 공간을 재생시키다

경제적인 인테리어필름 시공

인테리어필름 시공은 기존 건자재 교체 비용에 비해 50~80% 이상 절감할 수 있다. 예를 들어 샤시(창호)의 경우, 교체 비용 대비 단 20~30%의 가격으로 인테리어필름으로 래핑 하면 매끈한 새것으로 변신시킬 수 있다. 상가 리모델링을 할 때도 경제적이다. 가구를 목재 완제품으로 제작하는 대신 MD 또는 합판으로 제작 후 인테리어필름 래핑하거나, 기존의 가구를 인테리어필름으로 래핑하여 사용하면 교체 비용의 절반 이상 절감할 수 있다.

가치 지향적 소비에 따른 셀프 인테리어

21세기 들어 경제가 불안해짐에 따라 기업과 소비자들 모두 보수적 입장으로 돌아가고 있으며 기업은 방만한 사업확장이나 마케팅보다는 기존의 실리적이고 안정된 사업을 확장시키는 입장으로 나아가고 있다. 거품경제를 벗어난 소비자들의 의식 수준 또한 가치 지향적 소비로 신중한 의사결정 태도와 합리적 방향으로 가고 있다.

'가치 지향적 소비'란 저가격으로 최대의 만족을 얻을 수 있는 상품을 선택하는 것을 의미하며, 여기서 인터넷 세상에 의한 글로벌 교류 확대로 소비자들은 높아진 질적 서비스 요구와 고급문화 지향, 품질 중시, 개성화 등 추구하는 양상이 두드러지고 있다 (참고: 김현정, 2001. 실내디자인에 있어 경제적 디자인에 관한 연구 18p. 건국대).

주거, 상업, 업무공간을 인테리어 중간 업자에게 맡기는 것보다 셀프로 감리를 하면서 시공 전문가와 직거래하는 현상이 급속히 성장하여 셀프 인테리어 열풍으로 2년 새 35배 폭풍 성장하고 있다 (참고: 오늘의 집, 한국경제, 심성미 기자). 전문시공업체에 맡기는 것 또한 셀프 인테리어의 광의적 의미이다.

그렇다면 디자인과 시공을 셀프로 할 수 있는 범위는 어느 정도일까? 처음 시작하는 사람 기준으로 벽면, 문, 가구 페인팅, 싱크대(평 문짝), 가구 문짝(평 문짝), 공간 박스 등의 인테리어필름 래핑 작업, 방문 손잡이 교체, 콘센트, 스위치 교체, 조명 설치 등을 할 수 있다.

인테리어필름 시공상품은 친환경적이다. 인테리어필름은 시공과 동시에 냄새도 없어지고, 바로 생활하는 데 지장이 없다. 물론 제조회사마다 약간의 차이는 있는 것으로 보인다.

실내인테리어 시장, 2020년도 41.5조 성장

한국 건설산업연구원에 따르면 2000년 인테리어시장은 9.1조였다. 2020년 현재 41.5조로 5배 이상 성장했다.

"코로나 19 사태로 인해 사람들이 집에 머무는 시간이 길어졌다. 집 이상의 역할을 하며, 사람이 원하는 모든 것을 갖추게 될 것이다."

미래학자로 유명한 토머스 프레이(Thomas Frey) 다빈치연구소 소장의 말이다. 아이러니하게도 코로나 팬데믹 사태는 공간의 미래를 앞당겼다. 집은 먹고, 자고, 사고, 놀고, 운동하고, 공부하고, 휴식하고, 꾸미고, 일도 하는 등 모든 활동을 하는 직주일치공간이 되기 시작했다. 일명 '레이어드 홈' 시대가 시작된 것이다. 대한민국을 넘어 미래주택의 공간 패러다임이 이동하고 있음을 보여주는 신호다. 이에 편승하여 인테리어 분야 역시 성장하고 있다.

상업공간에서도 인테리어필름 시공은 정형적이고 고정된 공간에서 다양한 역할을 하는 공간으로 바꿀 수 있는 가장 쉬운 방법이다. 구조물을 변경하지 않고 디자인 색상만 바꾸어도 공간 분위기를 다양하게 연출할 수 있기 때문이다.

나의 소명은 인테리어를 통해 공간을 재생하는 것

커피보다 공간을 누리는 이른바 '카페 문화'는 인테리어 산업의 성장 가능성을 보여준다. 이에 인테리어 필름을 이용해 효과적으로 공간을 재생하는 방법을 많이 알려주고 싶다. 또한 소상공인 창업 시, 총 창업 비용의 10~20% 이상 차지하는 인테리어 비용을 좀 더 효율적으로 사용할 수 있는 방법을 연구하고 공유하고 싶다.

언젠가 이런 글을 보았다.

빗자루를 들고 매일 바닥을 쓰는 사람이 한 분 있다. 아파트를 둘러싼 넓은 공원을 쓰는 '청소부 아저씨'. 이 아저씨는 좀 다르게 보인다. 왜냐하면 늘 즐거운 모습으로, 행복한 얼굴로 공원 구석구석을 쓸고 있기 때문이다. 그것도 하루 이틀이 아니다. 오늘도 아침 공원을 걷는 도중 아저씨와 조우했다. 역시 큰 빗자루로 쓰는 일이 즐거운 듯 행복해하는 모습이다. 청소부의 월급은 별로 많지 않다. 청소하는 일도 그다지 대접받지 못하는 직업이다. 너무나 의아하여 다가가 물었다.

"아저씨! 뭐가 그렇게 늘 즐겁고 행복하세요?"

대답이 감동적이었다.

"나는 지구의 한 모퉁이를 쓸고 있어요! 지구를요!"

무슨 의미일까? 세상을 크게 생각하라는 뜻이라고 생각한다. 이렇게 삶을 크게 바라보면서 살면(소명), 어떤 일이 즐겁지 않겠는가? 정말 행복하게 살아갈 수 있을 것 같다.

6년 동안 나의 손길을 거쳐 아름답게 재생된 공간을 지도에 스티커로 붙여본 적이 있다. 빨갛고 파란 스티커가 지도 가득 뒤덮인 모습을 바라보며 정말 뿌듯했다.

나의 소명은 인테리어를 통해 공간을 재생하여 공간을 사용하는 사람들에게 행복을 주는 일이다. 고로 내 일은 지구의 한 모퉁이를 재생시키는 일이다.

역경이 경력 되다

정부지원금 15억 원 처리하다 보니 정부지원사업 전문가 되다
신중년, 50대에 시작하는 쇼핑몰 창업
아무것도 하지 않으면, 아무 일도 일어나지 않는다

스마트창업기획자 | 양정숙 ● soohoin69@naver.com

투비웰 대표 | 현

투비웰은 온라인 쇼핑몰을 주력으로 하는 회사로 해외구매대행업과 국내위탁판매업, 네이버 스마트스토어, 쿠팡, 11번가, 위메프, 롯데온 등에 입점 되어 있음

미생물분해소멸방식 음식물처리기를 연구·개발, 제조하는 회사를 공동 투자, 운영하였음 | 전

정부지원금 15억 원을 지원받아 5년간 연구·개발을 하였고 연구원으로 직접 참여하였으며 회사 운영을 겸임하였음

호서대 벤처대학원 벤처경영학 박사 과정

호서대 글로벌창업대학원 창업경영학 석사 졸업

[해외구매대행 인터넷쇼핑몰 사이트에서 마케팅믹스 7P요인이 구매의도에 미치는 영향] 논문 발표

강서 여성인력개발센터 강의 [1인창업의 이해 및 아이템 선정전략]

정부지원금 15억 원 처리하다 보니 정부지원사업 전문가 되다

2015년, 전라남도 광주 김대중 컨벤션 홀 전시관에서 나는 깊은 고민에 빠졌다. 몇 년 동안 노력해서 준비한 일을 계속해야 할지, 아니면 여기서 그만두어야 할지. 어디서부터 일이 잘못된 것일까? 누구의 잘못일까?

제품 외주 개발에 실패하다

폐기물 해양 투기로 인한 해양오염을 방지하기 위해 마련한 런던협약에 의해서 우리나라도 2012년 12월 21일 자로 해양관리환경법 시행규칙이 발표됨에 따라 2013년부터 음식물 쓰레기 폐수와 산업폐수의 해양 투기가 금지됐다. 이로 인해 국내에서 음식물 쓰레기 종량제를 실시하는 지역이 생겨나기 시작했고, 음식물 쓰레기를 줄일 수 있는 제품이 인기를 얻을 수 있다고 생각했다. 그래서 디스포저(Disposer) 방식의 음식물쓰레기처리기 판매업을 시작했다.

디스포저 방식은 음식물을 싱크대에서 갈아서 하수구로 바로 배출하는 방식이었는데, 하수구 막힘 현상과 배출된 찌꺼기가 또 다른 오염원이 될 수 있다고 하여 판매가 금지되는 상황이 되었다. 그 후 지인과 동업하여 미생물 분해방식 음식물처리기를 외주로 개발하였고, 시제품이 나오는 시기에 맞춰서 판매를 위한 준비를 했다. 그 중 하나가 전국 국제기후환경산업전 전시회에 참여하여 제품을 홍보하는 일이었다.

마지막 전시회에서 참관객들에게 제품을 시연하고 있을 때였다. 갑자기 제품에서 연기가 나고 작동이 멈춰버렸다. 전시회에서 철수 후 제품을 개발하던 외주업체에 개발비 반환 및 피해 보상청구를 하였고 승소했지만, 나에게 돌아오는 돈은 한 푼도 없었다. 외주 업체도 재정 상태가 좋지 않은 상황이었다. 직원들 밀린 급여와 퇴직금도 부족한 상태였고, 업체 사장의 개인 자산도 가족들 명의로 되어 있어서 어찌해볼 수가 없었다.

'여기서 그만두어야 하나, 무슨 일을 해야 하나? 제품 개발을 하기 위해서 생전 처음 담보 대출도 한 상태인데…….'

밤잠을 이루지 못했다. 성남에 있는 사무실에 아무 희망 없이 출근해서 멍한 시간을 보냈다. 그러던 중, 성남산업진흥원의 지원사업 중 하나인 경영 컨설팅 지원을 받게 되었다. 우리 회사에 컨설팅 멘토로 온 사람은 비즈 컨설팅의 이상화 박사였다.

제품 개발도 정부지원이 가능하다

이상화 박사와 상담을 통해 제품개발에 관련된 상황을 컨설팅 받을 수 있었다. 제품개발 과정에 필요한 정부지원사업을 안내해 주었다. 정부지원사업을 받으려면 기술적인 컨설팅이 필요한데, 딱 맞는 사람이 있다며 소개해 줄 테니 회사에 한 번 방문하라고 했다.

'정부지원사업, 이런 게 있다니. 이자도 없고 갚지 않아도 되는 지원금이라니!'

유통업에만 종사했던 나에게 신세계 같은 정보였다. 갑자기 희망이 보이기 시작했다. 이상화 박사가 소개한 사람은 학부와 석사는 기계 쪽이고, 석사와 박사는 창업경영학을 전공한, 특이한 이력의 호서대 글로벌창업대학원의 박남규 교수였다.

제조업은 정말 모르고, 기계는 더더욱 모르고, 동업했던 사람이 제조하던 사람이라 기계는 잘 알 거라 생각했는데 너도, 나도 아무도 모르는 상황이었다. 아무것도 모르는 상태에서 거금을 투자해 외주로 제품을 개발했던, 지금 생각해도 바보 같은 짓을 한 것이었다. 절박함을 알아봐 주고, 선뜻 손을 내밀어준 박남규 교수를 만난 걸 보면, 난 그래도 운이 좋은 사람인 것 같다.

정부지원사업에 참여하다

정부지원사업을 여러 곳 알아보던 중, 경기테크노파크에서 지원하는 기술화 사업에 지원하게 되었다. 그때 시제품 개발비로 2500만 원을 받게 되었다. 첫 지원사업이었다. 2500만 원을 들여서 가정용 음식물 처리기 시제품을 다시 만들었다. 시제품을 위한 개발에 직접 참여하면서 지금까지 몰랐던 것을 알게 되었다. 테스트하고 다시 만들고, 또 만들고 테스트하는 일을 여러 번 반복해야 했다. 이런 일을 경험한 후 제품을 직접 개발하여 판매하는 모든 사람을 존경하게 되었다.

한 번의 지원금으로는 제품을 완성할 수 없을 것 같아서 다른 지원사업을 알아보던 중, 농림축산식품부에서 식품 부산물(업소에서 나오는 음식물 쓰레기)을 관리하는 것을 알게 되었다. 개발 중이던 음식물 쓰레기 관련 제품이 가정용만 있는 것이 아니라 업소용도 있는 상황이니 기회가 한 번 더 될 수 있겠다고 생각했다. 그 후 업소용에 중점을 두고 지원사업을 준비하였다.

우리 회사에서 개발하던 음식물 쓰레기 처리기는 미생물 분해소멸방식이었다. 미생물은 살아있는 생물로 환경의 영향을 받기 때문에 민감한 제품이었다. 이 미생물을 개발하던 곳이 여러 군데 있지만, 국책연구기관인 한국생명공학연구원이 가장 믿을 만한 곳이다. 박남규 교수와 한국생명공학연구원이 협동 기관이 되어 정부지원 과제를 준비했고, 2016년 9월에 개발 기간 약 3년에 9억 원의 지원금을 받게 되었다. 동시에 기술화지원사업 2천만 원도 지원받게 되었다.

기술화지원사업은 기술가치평가 지원사업 중 하나인데, '회사에서 보유한 특허가 얼마나 가치 있나'를 평가하는 데 들어가는 비용을 지원해주는 사업이다. 2017년 8월에 같은 기관에서 기술화지원사업 후속으로 약 3년에 662백만 원을 지원받아서 식품부산물연료화 연구개발을 하게 되었다.

지원사업을 받고 나니 기뻤지만, 한편 두렵기도 했다. 한 번도 이렇게 큰 금액을 지원받아 본 적이 없었다. 정부에서 지원해주는 지원금으로 개발하는 지원과제가 성실히 수행되지 못하면 책임연구원, 회사대표, 사업에 참여한 나까지 책임을 져야 하는 상황이었기 때문이었다. 지원사업을 잘 수행하기 위해서 지원사업 관련 교육을 알아보고, 산업자원통상부에서 주관하는 정부지원사업 전문가 과정을 수료했다. 그렇지만 실무는 쉽지는 않았다. 우리가 받은 지원사업 부처의 설명서를 매일 들여다보며, 어린아이가 막 걸음마를 시작하는 심정으로 제품 개발을 시작하였다.

제품 개발은 생각한 대로 한 번에 이루어 지는 일이 없었다. 여러 번 반복해서 연구하고 실험해도 원하는 결과를 보지 못하는 경우도 많았다. 그래서 구성원 간의 팀워크가 중요한데, 경영진과 연구원 사이는 시간이 갈수록 갈

등이 깊어갔다. 경영진은 연구개발을 잘 모르는 상황이어서 연구원의 고충을 이해하지 못하고 불평이 쌓여갔고, 경영진이자 운영자인 나로서는 중간에서 많은 피로를 느껴야 했고 점점 지쳐갔다. 그럼에도 지원사업은 잘 진행되어서 시제품 개발을 여러 건 하였고, 특허 출원, 특허 취득, 제품인증서 취득, 제품 시험성적서를 발급받았다. 국내 전시회와 중국 북경 국제 환경전시회도 참여하였다. 지원금으로 신규 인력을 채용하여 과제에 참여시켰고, 나또한 연구원으로 참여하여 연구개발과 연구과제비 관리, 회사 경영을 병행하였다. 노력의 결과로 세 개의 지원과제는 모두 잘 마무리하였고, 두 개의지원과제는 우수 판정을 받았다.

제품 개발을 위해서 수행한 다양한 활동은 참 소중하고 귀한 경험이었다. 이러한 경험을 하게 해준 박남규 교수는 은인 같은 사람이다.

정부지원사업은 다양하다. 창업단계별로는 예비창업자에게 지원해주는 예비창업패키지, 초기창업자에게 지원해주는 초기창업패키지, 3~7년 미만 기업에게 지원해주는 도약관련 지원사업이 있다. 관심분야에 따라서 사업화, 창업교육, 시설, 공간, 보육지원사업, 멘토링, 컨설팅 지원사업, 행사네트워크 관련사업, R&D관련사업등이 있다.

www.k-startup.go.kr에 들어가면 이와 관련한 전반적인 정부지원사업을 자세히 볼 수 있다.

역경은 사람을 겸손하게 한다

누구나 인생에 한 번은 잘나가는 시절을 맞는다고 한다. 나 또한 마찬가지다. 잘나가던 시절에는 내가 아는 게 전부라고 생각했다. 하지만 세상에는 배울수록 배울 게 많고, 알수록 알아야 하는 게 많아진다. 제조업의 호된 경험으로 나는 많이 겸손해질 수 있었고 부족함을 알았다.

정부지원사업 과제는 너무 좋았지만, 진행 과정 중 사람을 더욱 깊이 알게 되는 계기가 되기도 했다. 경영진과의 불화는 좁혀지지 않았다.

과제 종료 후 나는 제조업을 그만두기로 했다. 그럼 나는 무엇을 해야 하나? 많이 고민하던 중에 호서대 글로벌창업대학원에 입학도 하고, 다른 일도 계획하게 되었다.

신중년,
50대에 시작하는
쇼핑몰 창업

호서대학교 글로벌창업대학원 석사 과정에서 지난 제조업의 실패 원인을 쉽게 찾을 수 있었다. 철저한 준비를 했어도 어려운 제조업을 사전 시장조사와 준비 부족, 팀원의 검증 없이 시작했던 게 실패의 가장 큰 원인이었다.

새로운 일은 더욱 고민이었다. 30~40대에 내가 선택한 일들은 좋아하는 일보다는 돈이 되는 일을 생각했다. 어떻게 하면 돈을 많이 벌 수 있을까를 염두에 두고 일을 선택했었다. 50대라는 나이는 모험하기에는 모호한 나이라고 생각했다.

'수익은 적더라도 시간적 여유가 있고, 투자금이 적으면서 건강에 무리를 주지 않고 오래 할 수 있는 일은 없을까?'

자본금 없이 시작할 수 있는 1인 창업 아이템

2018년 여름 즈음, 회사에 글로벌 셀러 연구소를 운영하는 안영신 소장이 방문하는데, 본인이 쓴 책을 한 권 주고 갔다. "글로벌 셀러 창업 & 운영하기"라는 제목의 책이었다. 재고 부담도 없고 자본금 없이 혼자서도 충분히 수익을 낼 수 있다는 내용이었다. 1인 창업 아이템이었던 것이다. 내가 계획했던 일과 비슷하다고 생각했다. 당장 강의를 신청해 들었다. 해외에 가지 않고도 해외 인터넷 쇼핑몰 사이트에 있는 제품을 국내 쇼핑몰에서 판매한다는 생소한 내용이지만, 강의를 듣고 공부한다면 충분히 해 볼 수 있다는 생각이 들었다. 무엇보다 매력적인 것은 자본금 없이도 시작해 볼 수 있다는 점이었다.

작은 규모의 장사를 하더라도 위치 좋은 곳에 매장을 얻고, 실내장식을 하고, 판매할 제품을 구매하는 절차가 필요하다. 그러나 구매 대행 글로벌 판매자는 사업자 등록만 하면 바로 시작할 수 있어서 부담 없이 시작할 수 있었다.

구매대행은 서비스업에 속한다. 판매자가 국내 소비자들이 좋아할 만한 해외 제품을 국내 쇼핑몰에 올린다. 그리고 소비자가 제품을 구매하면, 판매자는 소비자에게 구매대행 수수료를 받고 소비자 대신 제품을 구매해준다. 해외에 있는 제품이 국내에 입고되는 과정에는 관세청 통관절차가 있고, 해외에서 국내로 들어오는 배송 과정이 있다. 이런 복잡한 절차가 부담스러운 구매자를 대신해서 셀러가 수수료를 받고 구매 과정을 대신해 준다. 판매자는 구매자가 제품을 수령한 후에 인터넷 쇼핑몰에서 정산을 받는다. 그러므로 자금을 투자하는 방식이 아닌 정산 받는 동안은 돈이 묶여 있는 상황인 것이다. 제품 파손 및 반품을 고려했을 때 나의 경험에 의하면, 10% 정도의 손실을 예상하면 된다.

온라인 쇼핑몰을 창업하다

바로 창업을 준비했다. 하지만 정부지원사업이 진행 중이던 상황이었다. 그래서 구매대행을 부업으로 하면서 책과 유튜브를 통해 공부하였고, 틈틈이 인터넷 강의로 부족한 부분을 채웠다.

글로벌 판매자들은 미국 아마존이나, 중국 타오바오 1688, 일본 큐텐과 같은 해외 인터넷 몰에서 제품을 소싱하는 편이다. 나는 중국에서 제품을 소싱하기로 했다. 중국은 한국과 가까워서 미국보다 배송료는 싸고, 배송기간도 짧은 장점이 있지만 품질이 떨어진다는 인식이 있고 실제로도 그런 경우가 많았다. 하지만 글로벌 셀러를 처음 접하는 상황에서는 제품 판매가격이 비쌀 때 제품이 손상되어 부득이 피해 보상을 해줘야 하는 경우에는 부담감이 커질 수 있다. 그것 보다는 품질은 떨어지지만, 제품이 싸고 배송이 빠른 중국이 유리하다고 판단했다.

중국 구매대행을 준비하면서 국내 쇼핑몰을 먼저 열어 제품 판매를 시작했다. 국내 쇼핑몰은 남편이 운영하는 오프라인 매장의 상품을 팔기로 했다. 남편의 매장은 건강보조식품을 파는 J브랜드 매장이었다. 인터넷에 J브랜드가 어떻게 판매되고 있는지 검색해 보니 이미 많은 사람들이 온라인으로 판매하고 있었다.

'아, 나도 한번 팔아 봐야겠구나. 남들도 다 하는데.'

본사와의 계약관계로 인터넷 판매를 꺼려하는 남편을 설득했다. 브랜드 제품은 제품에 대한 소비자의 인지도와 신뢰도가 높은 편이라 어렵진 않았다. 빠른 배송과 고급 포장 전략을 세워서 최대한 소비자 만족도를 높여갔다. 가끔은 직접 배달도 하고, 모든 후기는 꼼꼼히 확인하여 개선해야 할 부분은 개선하였다. 소비자의 불편함은 내 쇼핑몰의 개선 사항임을 알았고, 빠른 대응으로 소비자의 좋은 평가를 받을 수 있었다.

국내 제품을 판매하는 쇼핑몰은 빠른 속도로 매출이 상승하였고, 국내 몰 관리와 회사 개발 업무에 치중하느라 해외구매대행 몰은 소홀하였다. 방학 때는 학생 인턴을 고용하여 해외구매대행 제품 조달과 상품 업로드를 맡겼는데, 아무리 제품을 많이 올려도 구매대행 몰의 매출은 오르락내리락 반복했다.

그러던 중 국내 몰에서 팔던 제품의 브랜드사에서 온라인 쇼핑몰 판매 금지를 통보하였다. 브랜드 특성상 온라인 판매가 안 되는 제품이었던 것이다. 본사와 일부 대형 백화점 쇼핑몰 외에는 판매가 안 된다는 것이었다. 백화점 쇼핑몰은 가능한데, 왜 나는 안 되는 건지 이해할 수 없었다. 잘나가던 국내 몰은 문을 닫고, 다시 시작해야 했다. '내가 모래성을 쌓았구나······.' 나만의 제품 색깔을 만들어야 했는데, 쉽게 시작한 건 쉽게 사라진다는 불변의 진리를 다시 한번 느꼈다.

국내 쇼핑몰과 해외제품을 파는 쇼핑몰 운영에 관한 모든 업무를 직접 해야겠다고 생각했다. 해외구매대행 몰에 직접 제품을 조달하여 올리면서 제품 조달 방법, 상세페이지 만들기, 상위노출 방법 등을 공부해보니, 그동안 해외구매대행 몰의 매출이 저조했던 이유를 알 수 있었다. 생각했던 것보다 경쟁이 치열하고 공부해서 적용해야 하는 부분들이 많았다.

브랜드 제품을 판매하던 국내 몰은 정리하고, 인터넷 쇼핑몰을 늘려서 경험을 해봐야겠다는 생각에 국내 위탁 도매몰 제품을 쿠팡, 11번가, 위메프, 롯데 온, 옥션, 지마켓 등과 네이버 스마트스토어에서 판매를 시작했다.

공유사무실 입주가 준 소중한 경험

위탁제품 판매를 위해서 위탁 도매몰에서 운영하는 공유사무실에 입주했다. 60대 정년퇴직을 한 사람들이 5년 이상 거주하면서 월 500만 원 이상씩 벌어가고 있었다. 사무실 운영비 걱정 없이 동년배들이 출근해서 서로 간의 경험을 공유하고 상의하며, 천천히 꾸준히 경험을 실력으로 만들면서 자기들만의 비결을 쌓아가고 있는 모습을 보았다.

지금까지는 혼자서 모든 것을 결정하고 선택해야 했는데, 공유사무실에서는 전자상거래 사업을 먼저 시작해 5년 이상의 경험을 가진 선배 창업자들에게 쇼핑몰 운영에 관련된 여러 가지 내용을 도움받을 수 있었다. 어떤 카테고리의 제품을 소싱하는지, 가격은 어느 선이 적정한지, 마켓마다 어떤 제품들이 잘 나가는지, 진상 고객 대응 방법 등 전반에 대한 내용을 도움받았다. 무엇보다 좋은 점은 매일 일어나는 일에 대해 상의를 할 수 있다는 것이었다. 꼭 해답을 얻지 못해도 대화만으로도 위로를 받을 수 있었다. 1인 사업자들의 고충을 위탁공유오피스에서는 해결할 수 있는 부분들이 많았다.

쇼핑몰의 시작은 쉬우나, 성공은 쉽지 않다. 하지만 장점이 많은 창업 아이템이다. 시간과 노력을 들여 매일 꾸준히 관리하면 시간의 노력만큼 결과를 가져다준다.

아무것도 하지 않으면, 아무 일도 일어나지 않는다

우리나라 국민의 스마트폰 보유율이 90%에 육박했고, 이를 통한 온라인 영상 스트리밍 서비스(OTT) 이용률은 52%에 육박하는 것으로 나타났다 (참고: 이뉴스투데이, 2020.01.30).

특히 40대, 50대 중장년층의 스마트폰 보유율이 98% 이상으로 모바일 이커머스 이용률은 전체 연령대 중 가장 큰 폭으로 늘어나고 있다. 통계청 '2020년 12월 온라인쇼핑 동향 및 4/4분기 온라인 해외 직접 판매 및 구매 동향' 보도자료에 의하면, 2020년 12월 온라인쇼핑 거래액은 전년 동월 대비 26.1% 증가한 15조 9946억 원이며, 온라인쇼핑 거래 액 중 모바일쇼핑은 33.8% 증가한 11조 1488억 원을 기록했다. 전체 소매판매액 중 온라인쇼핑 거래 액 비중은 전년동월대비 증가세를 보였다. 해외 직접 판매는 1조 5369억 원으로 전년 동분기대비 18.2% 감소하였고, 해외 직접 구매는 1조 2575억 원으로 전년 동분기대비 25.9% 증가했다. 해외 직접 구매 대상 국가 중 중국이 48.4%를 차지하고 있어, 중국의 증가세가 늘어나고 있는 상황이다. 이러한 언론보도나 발표자료를 보면, 쇼핑몰을 시작하길 정말 잘했고, 잘하고 있구나 싶다.

2021년 1월, 쿠팡은 라이브 커머스 시범 운영을 시작했다. 네이버 스마트스토어와 카카오 커머스에 비하면 늦은 출발이다. 전자상거래플랫폼에서는 SMB(Small Medium Business)의 매출을 위한 서비스의 폭을 확장하고자 더 많은 시스템을 개발 제공하고 있는 단계이다.

홈쇼핑 구조는 방송제작비가 1억 원 내외이며, 수수료는 50% 정도 수

준이다. 한시간 방송에 5~10억 원의 매출이 나와야 손실이 없다. 재고가 충분히 확보되지 않은 상태에서는 방송이 어렵다는 것이다. 홈쇼핑은 자금력이 약한 소상공인이 쉽게 접근하기에는 문턱이 높다. 그러나 라이브 커머스는 홈쇼핑에서 요구하는 조건이 없다. 쇼핑몰 제품을 홍보할 수 있고 매출을 높일 수 있는 채널이 더 생기는 것이다. 스마트폰의 높은 보유율이 있어 가능한 일들이다. 참으로 재미있는 세상이다. 쇼핑몰에서 물건을 팔고 특별한 방송 장비 없이도 실시간 제품 판매 방송도 할 수 있다니.

지인들에게 쇼핑몰 창업을 했다고 얘기하면 나와 비슷한 연령대의 사람들은 어떻게 하냐며 신기해한다. 혼자서 쇼핑몰 운영은 어떻게 하며, 제품 상세페이지 제작, 배송은 어떻게 하는지, 고객이 결제를 어떻게 하는지 궁금해한다.

네이버 스마트스토어의 경우는 사업자 등록증 없이도 가볍게 시작해 볼 수 있다. 제품 판매와 구매에 필요한 솔루션이 모두 제공된다. 물론 다른 전자상거래 플랫폼도 마찬가지다. 판매자가 준비해야 하는 것은 팔아야 하는 제품과 서비스 그리고 서비스 마인드, 물류와 배송시스템이다.

어떤 제품을 팔아야 할까?

판매할 제품을 선택하는 것은 가장 중요한 부분이다. 내가 좋아하는 관심, 취미 분야의 것 중에 선택하면 좋다. 혹은 내가 오랫동안 해왔던 일, 직장에서 배운 분야와 관련된 제품을 메인 제품으로 판매했을 때 성공 확률이 높다.

특별한 관심 분야가 없는 경우는 어떻게 해야 할까? 그럴 경우는 위탁판매를 통해서 다양한 제품군을 접해 볼 것을 권한다. 나도 특별히 관심 갖고 있는 제품군이 없었다. 그래서 해외구매대행과 위탁판매를 하면서 제품군을 경험하고, 하나씩 제품을 선별해 나가고 있다.

배송시스템은 판매에 있어서 중요한 부분 중에 하나다

전자상거래(Electronic Commerce)시장이 성장하면서 그와 관련 물류 서비스 시장도 동반 성장했다고 볼 수 있다. 소량 다품종의 제품들도 보관에서부터 배송 재고관리까지 해주는 풀필먼트(Fulfillment) 서비스 시장이 형성되어 있다. 쿠팡은 예외적으로 자체 물류 배송시스템을 구축해서 주문과 동시에 자체 물류에서 택배를 보내는 로켓 배송을 운영하고 있어서 쿠팡에 입점하여 판매하는 판매사에 서비스를 제공하고 있다.

제품 상세페이지는 어떻게 만들까?

컴퓨터를 다룰 수 있다면, 어렵지 않다. 무료로 제공하는 디자인 툴이 있고, 툴 사용방법도 동영상으로 안내되어 있다. 시간이 걸릴 뿐이지 하나씩 배우며 충분히 할 수 있다.

나 역시 PPT도 할 줄 몰랐다. 내일배움카드를 발급받아 컴퓨터 학원을 3개월 정도 다녔다. PPT를 배우고 나니 다른 프로그램 배우는 것은 어렵지 않았다. 잘 모르면 관련 책이나 유튜브를 통해서도 배울 수 있다.

그 외에도 다양하게 준비해야 하고 배워야 하는 부분이 많지만, 우선 제품과 배송 부분만 해결되도록 가볍게 시작하면서 차츰 준비해 나가는 것도 나쁘지 않다.

가장 중요한 것은 고객의 후기 관리

쇼핑몰 운영도 다른 사업과 다를 게 없다. 매일 꾸준히 성실하게 시간과 노력을 투자해야 결실을 볼 수 있다. 특히 고객의 후기 관리는 정말 중요하다. 고객의 욕구를 파악해서 잘 응대하는 서비스 정신과 꾸준한 노력에 시간이 쌓이면 매출도 같이 늘어난다.

전자상거래 플랫폼은 소비자 중심시장이다. 플랫폼은 판매자의 고객 응대에 대한 서비스 점수를 부여해서 판매자 제품의 노출 수위를 정한다. 결국 판매자인 쇼핑몰 주인이 자신의 쇼핑몰 노출 광고 빈도를 결정한다고 볼 수도 있다.

아무것도 하지 않으면, 아무 일도 일어나지 않는다

나만의 전자상거래 플랫폼을 만들기 위해 얼마 전 한국 1인미디어창직창업협회에서 일정의 교육을 받고, 민간자격증도 취득했다. 앞으로 더욱 발전할 라이브 커머스와 SNS를 배우고 익혀서 온라인 사업에 적용하기 위해서다.

석사 과정 동기인 김태경 대표로부터 강서 여성인력개발센터에서 글로벌쇼핑몰 창업과정 학습 중인 교육생들의 현장실습을 맡아 달라는 제안을 받았다. 3명의 교육생들은 나와 동년배의 경력단절여성들이었고, 그들의 실습

과정을 도우면서 보람을 느꼈다. 그 후 강서 여성인력개발센터와 업무협약을 하고 교육생을 위한 단체 컨설팅, 현장실습과 강의를 했다.

강의 후 한 교육생이 다가오더니 나에게 유튜브 하느냐고 물었다. 왜 그러냐 물으니, 선생님 강의가 너무 재미있다고 유튜브 꼭 해보라고 말하며 밝은 미소를 건넸다. 강의와 컨설팅이 부담스러웠지만, 교육생들의 하나라도 더 배우고자 하는 눈빛과 열정을 볼 때 너무 즐거웠다. 강서 여성인력개발센터의 경험은 박사과정을 선택한 이유 중에 가장 큰 부분을 차지 했다.

호서대학교 글로벌창업대학원에서 창업경영학 석사 과정을 마쳤고, 2021년 호서대학교 벤처대학원 벤처경영학 박사 과정을 시작했다. 쉽지 않은 선택이었고, 시간을 쪼개어 일과 학업과 가정을 병행해서 한다는 것이 고단하기도 하다. 그러나 이렇게 다양하게 활동할 수 있는 체력과 기회가 있다는 것에 감사하다.

딸아이가 "엄마 이제 반백 년 살았어요. 엄마는 앞으로 50년은 더 살 수 있어요." 라고 말했다. 은퇴 후에 주어진 시간에 대한 고민을 많이 한다. 무리한 투자를 하기에는 리스크가 크다. 2019년 한국인 평균수명은 2019년도 KOSIS(통계청, 생명표)의 결과를 기준으로 83.3세이고, 그 중에 남자 평균수명은 80.3세, 여자평균수명은 86.3세이다. 여자인 나에게는 앞으로 30년 이상의 시간이 있다. 앞서 언급했듯이 40대, 50대 중장년층의 스마트폰 보유율이 98% 이상으로 늘어나면서 모바일 이커머스 이용률 또한 전체 연령대 중 가장 큰 폭으로 늘어나고 있다. 적지 않은 비중을 차지 하는 그들이 쇼핑몰 창업을 한다면, 나는 강의와 컨설팅을 통하여 그들에게 경험을 나누어 주고 싶다.

또한 박사 과정 3년 동안 온라인 쇼핑몰 창업 플랫폼을 만들 계획이다. 나의 이름을 건 온라인 창업 플랫폼을 만들고 싶다.

아무것도 하지 않으면, 아무 일도 일어나지 않는다.

앞으로 나에게 무슨 일이 일어날지 나는 매일 기대된다.

창업가로 거침없이 피보팅하라!

창업가는 셜록 홈스가 되어야 한다
창업자가 놓치는 의외의 4가지 포인트
이제 창업이 대세다!

라이브창업프로듀서 | 곽준철 ◉ junchull@naver.com

엘컨설팅 ellconsulting.co.kr 대표, 창업컨설턴트 | 현

'온라인 사업전략 기획자'로 온라인 태동기부터 23년간 활동

연매출 70억 원 이상의 기업 창업 및 경영 | 전

동광인터내셔날 – SOUP, VISIT IN NEWYORK 패션 브랜드 온라인 파트장 | 전

YKbnc – 퀴니, 맥시코시 등 유아용품 온라인파트장 | 전

호서대 글로벌창업대학원 창업경영학 석사 과정

숭실대 섬유공학과 졸업

웹마스터 (중앙 IT엔지니어) 수료

KCA 한국컨설턴트 사관학교 공공기관 전문 면접관 수료

주요강의

– 숭실대학교 섬유공학과 강의 [온라인마켓시장 창업기]

– 한국창업마케팅사관학교 강의 [창업자를 위한 사업모델 구축 및 전략]

창업가는
셜록 홈스가
되어야 한다

어릴 적 동네에는 귀신같이 미래를 맞히는 신통한 능력의 점쟁이가 있었다. '그런 초능력은 어떻게 얻는 걸까?' 늘 궁금하던 찰나, TV에서 한 점쟁이가 하는 얘기를 들었다. 그는 특별한 능력보다는 방문자의 말투, 옷차림, 표정이나 행동을 보고 그 사람의 과거와 미래를 어느 정도 유추할 수 있다고 했다. 마치 코난 도일의 소설 속 명탐정, 셜록 홈스가 우연히 길에서 주운 모자를 보고 그 모자의 주인이 어떤 사람인지, 또 사건과 어떤 연관이 있는지 유추해내고 범죄자를 밝혀내는 능력처럼 말이다.

그런데 점쟁이나 명탐정뿐 아니라 창업가도 바로 이 통찰력이 필수다. 현재의 사건을 통해 미래를 예측하는 능력, 이 능력은 타고나는 것일까? 다행히도 그렇지 않다. 세심한 관찰력과 의지만 있다면 세상의 변화와 움직임을 예측할 수 있다.

전자상거래의 미래를 예측하다

1998년, 대학 4학년 졸업반인 나는 막 창간된 전자신문과 각종 신문을 즐겨 읽었다. 또 컴퓨터 부품을 사서 직접 조립하여 완성품을 만들거나 까만 천리안 화면에 접속하여 온라인 공간에서 채팅하기를 즐겼다. 컴퓨터로 연결된 인터넷 세상은 내게 더없이 즐거운 놀이터였다.

이런 취미는 단순한 관심사에 그치지 않고 졸업논문이 되었다. 섬유공학을 전공한 나는 논문 주제를 인터넷 전자상거래로 정했고, 제목을 "인터넷 발달에 따른 의류 전자상거래에 대한 연구"로 붙였다. 당시 생소한 분야여서 수소문 끝에 타과 교수님을 찾아가 지도교수 요청을 드려야 했다. 다행히 논문 쓰는 과정을 통해 의류 전자상거래의 미래를 더욱 확신하게 되었다.

"몇 년 안에 인터넷으로 옷을 사고파는 시대가 올 거야!"

같은 과 친구에게 이렇게 말했더니 친구는 코웃음을 쳤다.

"말도 안 되는 소리! 옷은 직접 입어봐야지. 누가 입지도 만져보지도 않고 옷을 사겠냐?"

그러나 내 예상은 적중했다. 세상은 빠르게 변했고 3년 뒤, 인터넷으로 옷을 구매하는 일은 현실이 되었다.

거침없이 피보팅, 움직이며 변화하라!

20년이 지난 지금, 세상은 더욱더 빠르게 변화하고 있다. 그러므로 미래를 예측하고 트렌드를 공부하며 대비하는 것은 성공적인 창업의 첫걸음이다.

김난도 교수가 이끄는 서울대 소비트렌드분석센터는 매년 "트렌드 코리아" 시리즈를 출간하여 경제경영 베스트셀러에 그 이름을 올린다. 2021년에도 10개의 트렌드 키워드를 선정했는데 그 중 '거침없이 피보팅(pivoting)'이 있다. '피봇(pivot)'의 사전적 의미는 '물건의 중심을 잡아주는 축'으로 스포츠에서 몸의 중심축을 한쪽 발에서 다른 쪽 발로 이동시키는 것을 의미하는 용어로 자주 사용된다. 책에서는 기업이 보유하고 있는 자산을 활용해 소비자의 변화하는 니즈에 맞추며 새로운 방향으로 사업을 신속하게 전환하는 전략을 말한다. 이것은 기업뿐 아니라 오늘날 개인에게도 해당하는 말이다. 급변하는 환경에 대처하기 위해 내가 가진 자산을 활용해 유연하게 경력을 전환하거나 업무수행 방식을 바꾸는 것도 이에 해당할 것이다.

첫 창업은 '거침없이 피보팅'이었다

대학 시절 의류 전자상거래의 미래를 예측했지만, 졸업 후 창업할 여건이 되지 않았다. 그래서 온라인 비즈니스의 꿈을 품고 우선은 의류 유통을 경험하기 위해 스포츠 브랜드 MD로 취직했다. 브랜드를 백화점에 입점시키고 유통하며 실무를 배웠다. 동시에 온라인 비즈니스 기술을 익히고자 학원에 다니며 웹마스터 과정을 수료했다.

업무 능력과 지식은 빠르게 쌓여갔지만, 창업하려면 무엇보다 자금이 절실했다. 자금 마련을 위해 컴퓨터 부품을 사서 조립하며 적은 비용으로 PC방을 창업했고, 목표 자금이 모이자 의류 창업에 곧장 뛰어들었다. 준비된 자에게 기회가 오듯 때마침 온라인 의류 시장이 열리고 있었다. 소비자들이 오프라인에서 온라인 상거래로 옮겨가기 시작할 때여서 제품은 날개 돋친 듯 팔렸다.

스몰데이터 활용 감각을 키워라

최근 빅데이터의 한계를 보완하는 스몰데이터가 주목받고 있다. 스몰데이터는 개인의 취향이나 필요, 건강 상태, 생활 양식 등 사소한 행동에서 나오는 '작은 정보'들을 말한다. 빅데이터의 '정량적 분석'으로는 한계가 있기에 '정성적 분석'인 스몰데이터를 적절히 조합하여 분석하는 것이 중요하다. 창업을 준비하는 사람에게 이러한 시장조사와 소비자조사는 필수다.

다시 말하지만, 창업가는 셜록 홈스처럼 사람의 작은 행동도 통찰할 수 있는 예리하고 세밀한 관찰자이자 분석가가 되어야 한다.

자금 마련을 위해 PC방을 창업하던 때의 일이다. 일명 상권분석, 즉 'PC방을 어디에 오픈하느냐'를 결정하기 위해 자주 다니던 PC방의 주인과 친하게 지내며 PC방 이용 고객들의 성향, 행동, 주거지를 파악했다. PC방 고객의 대다수는 무직자나 학생이었다. 그들은 편한 복장으로 집과 오가기 쉬운 거리를 선호했으며, 대로변이 아닌 골목 PC방을 선호했다. 직장인의 경우, 금요일 퇴근 후나 주말에 많이 이용했고 유동인구가 많은 역세권이나 버스정류장 근처는 피했다. 발로 뛰며 조사한 끝에 PC방에 가장 적합한 상권을 알아냈다. PC방 방문 고객이 가장 많은 지역은 다세대 주택과 연립주택이 모여있는 골목상권이 형성된 지역이었다. 요즘 말로 '슬세권'이 PC방으로 가장 좋은 상권이었다. 슬세권이란 '슬리퍼'와 '세권'의 합성어로 슬리퍼를 신은 편한 복장으로 카페 등 편의시설을 이용할 수 있을 정도로 편리한 주거 지역을 의미한다.

마침내 나는 슬세권에 가장 적합한 지역을 발견하여 PC방을 오픈했다. 예상대로 새벽까지 빈자리가 없을 정도로 소위 '대박'이 났고 월 1500만 원의 현금 수입이 들어왔다. 그 수입은 창업자금의 기반이 되었다.

빅데이터에서 창업의 기회를 발견하는 방법: 네이버 트렌드

"디커플링"의 저자 탈레스 S. 테이셰이라 교수는 기업이 실패하는 주된 이유는 혁신 기술이 부족해서가 아니라 소비자의 변화하는 행동 양식에 대응하지 못하기 때문이라고 말한다. 그렇다면 어떻게 대응해야 할까? 하루가 다르게 변화하는 소비자의 행동 양식을 분석하고 대응하는 방법은 다양하다.

개인이 빅데이터를 손쉽게 온라인에서 활용하는 방법은 '네이버'를 활용한 검색어, 검색량, 그리고 트렌드 분석이다. 빅데이터 전문가가 아니더라도 초보자도 쉽게 활용할 수 있으며 무료로 접근할 수 있다는 장점이 있다. 우선 연관되는 키워드를 선정한 후 조합하고 분석하여 통찰력을 발휘하는 것이 중요하다. 데이터는 똑같이 주어지지만, 그것을 어떻게 해석하고 활용하는가에 달린 것이다.

아래 표로 예를 들어보자. '코로나19 시대'에 사람들이 이동과 접촉의 위험을 피해 여행하고 싶은 욕구가 캠핑카와 차박으로 나타났다. 멀지 않고 낯설지 않은 곳에, 가까운 사람과 이동하고 싶은 욕구가 소비자의 행동 양식이 된 것이다. 여기까지 분석했다면 이것을 어떻게 기회로 만들 수 있을까?

먼저 네이버 키워드 도구를 사용해서 캠핑카나 차박으로 키워드를 추출한다. '연관키워드'에서 관련성 있는 키워드를 정리해보는 것이다. 차박매트, 차박텐트, 차박용품, 도킹텐트 등의 검색 수가 상승한 것을 확인할 수 있다. '차박커튼'이라는 키워드도 눈에 띄게 성장한 검색어이다.

연관키워드	월간검색수 (PC)	월간검색수 (모바일)	특이점
캠핑용품	29,500	139,800	캠핑용품 키워드가 전체적으로 증가
캠핑카	16,000	121,400	이동이 가능하면서 캠핑을 할 수 있는 차량
차박텐트	15,600	102,500	차에서 캠핑할때 사용하는 텐트
차박	8,560	42,200	차에서 1박을 캠핑하는 문화를 지칭
차박용품	5,160	35,200	앵두전구 가렌드 블루투스 스피커 등 다양한 제품카테고리 증가
캠핑카렌트	5,160	44,100	나혼자산다 등의 프로그램의 영향으로 캠핑카렌트 문의 증가
차박매트	4,470	24,800	전년대비 624% 판매가 증가되었는 뉴스
차박도킹텐트	2,780	19,200	차량의 뒤 트렁크와 연결해 쓰는 텐트, 600% 판매 증가
레이차박	1,880	9,470	레이를 캠핑카로 변형한 차량이 판매되어 완판됨
차박커튼	1,570	10,600	개인 사생활, 인테리어, 방한이나 햇빛가리개 용도로도 구매

[네이버 키워드 도구에서 추출한 키워드와 월 검색량]

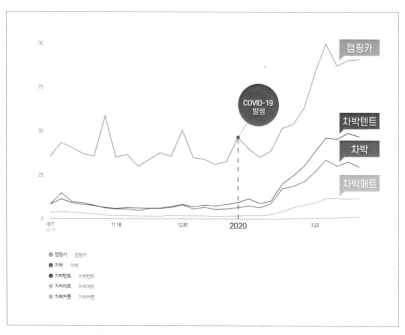

[네이버 트렌드로 본 1년간의 검색량 변화추이]

키워드를 확인했다면 '네이버 트렌드'를 이용해서 일정 기간의 키워드 변화량을 살펴본다. 그래프를 보면 코로나를 기점으로 차박매트나 차박텐트 등이 큰 폭으로 상승했음을 알 수 있다. 이를 볼 때 향후 '차박족'들이 좋아할 만한 차박용품을 개발하는 것도 창업의 기회가 될 것이다.

코로나19로 인한 소비자의 행동 변화로 새로운 제품 카테고리 시장이 생겨났다. 이러한 시장은 아직 경쟁자가 많이 진입하지 않은 블루오션이다. 이처럼 트렌드에 발 빠르게 대응한 개인과 기업은 새로운 성장의 기회를 얻게된다. 개인의 창업 기회 또한 위기와 변화에서 시작된다. 세심한 관찰력으로 세상의 흐름을 읽어야 하는 이유이다.

나에게 성공의 비결이 있다면 자신의 시점뿐 아니라,

타인의 시점으로도 사물을 바라볼 수 있는 데 있었다.

– 헨리 포드 –

창업자가 놓치는
의외의 4가지 포인트

내가 그의 이름을 불러 주기 전에는

그는 다만

하나의 몸짓에 지나지 않았다.

내가 그의 이름을 불러 주었을 때

그는 나에게로 와서 꽃이 되었다.

– 꽃, 김춘수 –

"몸짓"은 나와 관계없는 사물을 지칭한다. 그러나 "꽃"은 나와 상관이 있는 의미 있는 존재다. 이름을 부르는 행위는 그만큼 중요하다. 브랜드와 소비자의 관계도 이와 비슷하다고 말하고 싶다. 소비자가 부르는 이름, 바로 브랜드명이 얼마나 중요한지 생각해봐야 한다.

브랜드명이 매출의 절반을 결정한다

브랜드명은 매출의 절반을 좌우할 만큼 중요한 역할을 한다. 그 이름이 입에 달라붙을 정도로 직관적이고 단번에 이해되어야 하며 한번 들으면 잊을 수 없는 이름이어야 한다. 초기 마케팅 비용이 적은 회사일수록 더욱 중요하다. 큰 회사는 광고할 기회가 많겠지만 작은 회사는 광고의 기회와 마케팅 비용이 적기 때문이다. '배달의 민족', '세탁특공대', '직방' 등은 이름만 들어도 무슨 일을 하는지 가늠할 수 있는 훌륭한 브랜드 네이밍의 대표 사례다.

20년 전 친구와 함께 오프라인 백화점을 명동에 세웠을 때 이름 짓는 데 고민이 많았다. 당시 명동에는 '명동의류'라는 유명 보세의류 매장이 있었다. 우리는 차별화를 위해 고민하다가 패스트패션의 유행을 예상하고 네이밍에 들어갔다.

우리 브랜드는 일본의 유니클로를 벤치마킹했으며 유니크하면서 저렴하고, 인스턴트 제품처럼 빠르게 구매하고 소비하는 '패스트패션'을 추구했다. 비슷한 컨셉으로 '롯데리아'가 떠올랐다. 우리는 롯데리아와 같은 패스트푸드형 옷가게라는 의미로 '옷데리아'로 네이밍했다. 한번 들으면 절대 잊을 수 없는 이름이다.

잘 키운 브랜드와 잘 지은 브랜드명은 수십억 가치를 지닌다. 브랜드 가치는 브랜드가 가지고 있는 무형의 자산으로 브랜드를 팔 때 받을 수 있는 추정 가치를 말한다. 브랜드의 인지도만으로 현재 또는 미래에 거둘 수 있는 이익을 금액으로 환산한 것이다. 그렇기에 브랜드를 사고파는 시장이 존재한다.

나 역시 브랜드를 큰 비용을 들여 구매한 경험이 있다. 온라인 의류 사업을 하며 점차 이름 없는 보세의류의 한계를 느꼈다. 그렇다고 새로운 브랜드를 만들어 알리기엔 시간과 비용이 들었다. 그래서 인지도는 있지만, 사업이 어려운 브랜드를 알아본 결과 ㈜논노패션에서 1992년 런칭한 '제누디세'라는 브랜드를 발견했다. 한때 TV 광고도 했던 젊은층 대상의 중저가 브랜드였기에 1억 원이라는 비용으로 구매했다. '제누디세' 브랜드를 달자 판매 거래처와 훨씬 유리한 협상을 할 수 있었다. 인지도 높은 브랜드 덕에 온라인 시장에서 매출의 고공행진이 이어졌다. 브랜드 가치의 매출 영향력을 실감하는 순간이었다.

매출보다 수익률이 중요하다

창업 초기에는 매출 우선으로 경영할 수 있다. 그러나 수익률이 낮은 매출 위주의 경영은 오래가지 못한다. 결국, 수익률을 개선해야 회사가 성장할 수 있다.

온라인 전자상거래를 시작할 때에는 동대문의 도소매 업체에서 제품을 가져와 판매했다. 매출이 성장하며 회사 인력이 늘었고 지출 비용이 커지자 수익률은 점점 떨어졌다. 그래서 자체 생산을 하되 인건비가 저렴한 중국에서 생산했고, 점차 자체 생산 비중을 늘려서 수익률을 개선했다. 생산라인도 중국 외에 개성공단으로 확대했다. 또한, 수수료가 비싼 대형 몰 판매 위주였기에 자체 쇼핑몰을 운영하여 수익률 개선을 꾀했다.

창업 아이템 선정 시 수익률이 좋은 중고가 아이템이 유리하고, 회사를 성장시키면서 매출뿐 아니라 수익률 개선을 꾸준히 도모해야 한다.

최적의 프로세스로 개선하라

창업할 때 가장 힘든 부분이 자본력과 매출이다. 자본이 부족하기에 매출이 중요하고, 비용도 최적화되어야 한다.

한번은 의류 전자상거래가 상승궤도에 진입하자 주문 폭주로 배송이 매일 수백 건씩 밀린 적이 있었다. 그때는 야간 배송이 없던 시절이었지만 우리는 오전, 오후, 야간 팀으로 나누어 24시간 배송시스템을 만들었다. 복잡한 배송 공정을 간소화하기 위해 간편 포장재를 개발하기도 했다. 이런 노력으로 밀려드는 주문을 제때 처리할 수 있었다.

당시에는 지금처럼 대형 몰 자동화시스템인 샵링커, 사방넷이 없던 때라 일일이 수작업으로 등록, 주문, 배송을 처리해야 했다. 그래서 효율적인 업무 프로세스를 위해 자체 프로그램을 개발했다. 업무별 불편한 점을 수집하여 프로그램에 보완하도록 했다. 그 결과 업무의 효율과 관리가 향상되었다. 회사를 경영하며 각 업무 프로세스의 허점을 수정 보완하고 개선해나가는 것이 성공하는 창업가의 덕목이다.

특허등록과 상표등록은 100억 가치를 지닌다

창업 초기, 브랜드의 상표등록과 비즈니스 모델의 특허등록은 필수다. 얼마 전 "백종원의 골목식당"에 출연했던 포항의 '덮죽집' 사례만 봐도 알 수 있다. 방송이 나간 다음 날 다른 프랜차이즈 업체가 해당 이름으로 상표 출원을 한 것이다. 다행히 국민적 비난과 공분을 산 덕에 문제는 해결되었으나 상표등록이 얼마나 중요한지 톡톡히 깨닫는 계기가 되었다.

또한, 유사하거나 동일한 상표가 이미 등록되어 있지는 않은지 반드시 확인해야 한다. 상표등록은 변리사를 통해 진행할 수 있으나 최근에는 아래 사이트에서 개인이 직접 상표를 출원할 수 있도록 안내하고 있다.

상표권 직접 출원하기 안내 : https://www.kipo.go.kr/easy

상표등록 검색사이트 키프리스 : www.kipris.or.kr

특허등록 또한 마찬가지이다. 나 역시 특허의 중요성을 모르고 놓친 경험이 있다. 창업 초기 매출이 급상승하면서 주문이 한 달에 수만 건 들어올 때, 배송 프로세스 개선의 일환으로 포장재를 개발한 적이 있다. 일반적으로 의류 제품은 투명 폴리백에 넣어 밀봉한 후, 박스를 만들어서 그 안에 넣고 또한 번 밀봉하여 배송한다. 이때 필요한 인력은 박스 만드는 사람, 제품을 정리하는 사람, 폴리백에 제품을 넣어 밀봉하는 사람, 박스에 제품을 넣고 박스를 밀봉해 송장을 붙이는 사람 등이 필요하다. 이렇게 철저한 분업시스템으로 가도 주문량이 많으면 처리하기 힘들었다.

제품을 한 번에 넣으면서도 손상이 없고 방수까지 되는 원스톱 포장재라면 좋을 것 같았다. 순간 병원에서 사용하는 솜 거즈 제품의 포장재가 떠올랐다. 동대문 일대를 돌아다니면서 비슷한 포장재를 찾았지만, 어디에도 없었다. 결국, 한 공장에서 고안한 포장재를 직접 만들었다. 병원 솜 거즈 넣는 포장재와 흡사하면서도 기계로 열처리해서 밀봉하는 포장제품이었다. 이 혁신적인 제품 덕분에 배송에 속도가 붙었고 배송 지연도 사라졌다. 이 제품이 시장에 유통되면서 유명 대기업에서 포장제품 사용 허가를 요청해왔다. 나는 '포장재일 뿐인데…….'라며 별생각 없이 허락했다. 제품 판매에만 집중하던 시기였기에 특허등록은 생각지도 못했다.

이 제품은 현재 의류 배송 시 특히 많이 쓰이고 있는 은색의 폴리백 비닐 포장재이다. 이 포장재의 편리함을 경험한 사람들이 점점 많아지자 여러 가지 모양과 재질로 재생산되었다. 돌이켜보면 그때 특허등록을 해두지 않은 것이 큰 아쉬움으로 남는다.

흔히 사람들은 기회를 기다리고 있지만

기회는 기다리는 사람에게 잡히지 않는 법이다.

우리는 기회를 기다리는 사람이 되기 전에

기회를 얻을 수 있는 실력을 갖춰야 한다.

– 도산 안창호 –

이제 창업이 대세다!

흔히들 최종 완성된 작품은 초안을 잘 다듬어 내놓는 것으로 생각한다. 나도 그렇게 생각했다. 이는 완전한 착각이었다. 물론 모든 작품은 초안에서 출발한다. 하지만 많은 사람의 사랑을 받는 작품의 면면을 살펴보면, 모두가 초안과는 전혀 상관없는 결과물이었다. 마침내 나와 회사의 직원들은 깨달았다. 첫 번째 버전은 언제나 실패작이라는 것을.

– 애드 캣멀, 픽사 애니메이션 대표의 말 –

실패를 두려워하지 말라

창업에 있어서 실패를 두려워해서는 안 된다. 실패하면 인생을 망칠 수 있다는 불안과 두려움은 늘 우리를 사로잡는다. 그러나 실패의 경험은 삶의 소중한 자산이 된다.

나도 사업이 완전히 실패한 적이 있다. 창업 이래 회사가 가장 번창할 때 오프라인 매장에 도전했다. 동대문 점주들과 좋은 관계를 맺으며 수억 원어치 제품과 현금투자를 받았다. 명동에 빌딩을 임대하여 백화점을 세우고, 지방 지역 5곳에 100평 매장을 오픈했다. 당시 유명 배우와 가수를 초대하여 오픈 컷팅식과 사인회를 열었다. 전세방을 빼서 PC방에서 숙식하며 목표를 향한 열정으로 시작하여 여기까지 온 게 감개무량했다. 그러나 철저하게 준비했던 온라인 전자상거래에 비해 시장분석이 부족했던 오프라인 매장은 운영관리의 미숙으로 사업을 접게 되었다. 큰 규모의 오프라인 사업이었던 만큼 엄청난 채무를 떠안아야 했고, 회사는 휘청거렸다. 인력을 줄이고 사무실을 이전하여 재기를 노렸지만, 온라인 매출만으로는 채무를 감당하기 힘들었다. 그러나 큰 빚을 진 와중에도 마음은 무너지지 않았다. 내 인생의 첫 번째 사업일 뿐이었기 때문이다.

회복 탄력성을 훈련하라

어려움 속에서 좌절하지 않고 다시 일어서는 힘을 '회복 탄력성'이라고 한다. 심리학자 리처드 데이비슨은 "회복 탄력성이 높은 사람은 스트레스가 큰 사건을 잘 견딜 뿐 아니라 그러한 일에서 이로움을 얻고 역경을 유익한 것으로 바꾼다."라고 했다. 다행히도 나는 회복 탄력성이 높았다. 타고난 면도 있었지만 넘어져도, '그럴 수 있어. 다시 시작하면 돼!'라고 마음을 고쳐먹었다. 가진 것이 없기에 잃을 것도 없다고 생각했다.

자신의 정신력이 약하다고 생각된다면 작은 성취와 작은 실패를 자주 경험해보는 것이 중요하다. 작은 실패를 경험하다 보면 '실패가 별 게 아니구나'라는 생각이 든다. 자녀를 키울 때도 중요하게 가르치고 경험시켜주어야 할 부분이다. 작은 성취와 작은 실패를 통해 정신력이 강해지고 위기를 이겨내는 근력이 생긴다.

실패했을 경우 그 실패감에서 빠르게 벗어나는 방법이 있다. 작은 일이어도 목표를 정하고 성취하는 경험을 자주 갖는 것이다. '3kg 감량'이라는 다이어트 목표를 세워도 좋고 '책 한 권 출판하기'라는 목표도 좋다. 하프마라톤 참여를 목표로 꾸준히 준비하는 것도 좋은 방법이다. 실현 가능한 목표를 설정하고 그것을 성취하는 경험을 자주 갖는 것이다.

나는 실패를 딛고 회사에 취직했다. 그리고 회사 내에서 성공 경험이 쌓이며 자신감도 올랐다. 입사 후 목표 매출 100% 달성으로 '매출을 일으키는 사람'이라는 평판을 들었고, 거래처와 문제가 발생했을 때 문제를 능숙하게 해결하며 '해결사'라는 별명을 갖게 되었다. 개인적으로 가장 성취감을 느꼈던 때였다.

Stay Hungry, Stay Foolish! 항상 갈망하라, 항상 무모하라!

– Steve Jobs –

스티브 잡스가 2005년 스탠퍼드 연설에서 한 말이다. 이 말처럼 우리는 무모하게 시작해야 한다. 그러려면 실패를 두려워하지 말아야 한다.

창업에도 워밍업이 필요하다

창업 준비는 평소 일상에서부터 쌓여간다. 창업에 관심이 있건 없건 간에 일상에서 느끼고 깨닫고 트렌드를 파악하는 모든 순간이 창업의 밑거름이 된다. 훗날 자신이 창업할지는 아무도 모른다. 그러기에 일상에서 늘 준비하는 것이 좋다. 그렇다면 어떻게 준비를 하는가?

자신의 관심 있는 분야나 자신 있는 분야를 지속적으로 관찰해야 한다. IT에 관심 있는 사람은 각 신문의 IT 정보나 유튜브에 업데이트되는 IT 정보를 수집할 수 있다. 일상에서 접하는 TV, 컴퓨터, 스마트폰, IT 가전 등의 발전 방향을 유심히 관찰하는 것도 중요하다. 또한 온라인 전자상거래의 변화를 유심히 지켜봐야 한다. 종합 몰, 오픈마켓, 소셜 마켓에서 라이브커머스의 변화를 살피는 게 중요하다. 국내 트렌드뿐 아니라 세계 소비자의 변화와 K-POP 등 한류의 발전 방향 및 가능성에 관심을 두면 좋다.

예를 들어 코로나19로 인해 오프라인 모임이나 대면 상거래가 어려운 상황에서는 오프라인 매장 관련 제품이나 각종 모임, 파티 관련 제품은 불리하다는 걸 파악할 수 있다.

비즈니스 아이디어를 구체화하는 방법

아이디어와 시장조사를 마쳤다면 그 내용을 구체화하는 것이 중요하다. '비즈니스 모델 캔버스'를 기반으로 사업계획서를 작성해보면 도움이 된다. 비즈니스 모델 캔버스는 경영에 포함되어야 하는 9가지 사업 요소를 보기 쉽게 정리한 템플릿으로 아이디어에 머물렀던 비즈니스 아이템을 좀 더 구체적으로 정리하도록 돕는 효과적인 툴이다. 비즈니스 모델 캔버스는 고객, 가치제안, 채널, 고객관계, 수익, 핵심자원, 핵심활동, 핵심파트너쉽, 비용의 9가지 요소로 구성된다.

⑧ 핵심파트너쉽 KEY Partnerships	⑦ 핵심활동 KEY Activities	② 가치제안 Value Propositions	④ 고객관계 Customer Relationships	① 고객 세분화 Customers Segments
누가 당신을 돕는가	무슨 일을 하는가	고객을 어떻게 도울 것인가 = 어떤 가치를 주는가	어떻게 고객과 상호작용 하는가	돈 되는 고객이 누구인가
	⑥ 핵심자원 KEY Resources		③ 채널 Channels	
	당신은 누구이며 무엇을 가졌는가		자신의 가치를 어떻게 전달할 것인가	
⑨ 비용 Cost Structure			⑤ 수익원 Revenue Streams	
무엇을 지불하는가			무엇을 얻는가	

[비즈니스 모델 캔버스]

1. 고객 세분화는 직설적으로 말하면 '돈이 되는 고객이 누구인가'를 파악하는 것이다. 비즈니스는 제품 및 서비스의 가치를 고객에게 제안하고 관계와 채널을 통해서 고객에게 전달되고 그것이 수익원인 순환구조이다. 따라서 제공하는 제품이나 서비스가 특정 고객 그룹으로부터 주요 매출을 얻기 때문에 타깃 고객에 대한 고객 세분화가 최우선으로 검토되어야 한다.

2. 가치제안은 '고객을 어떻게 도울 것인가?' 또는 '어떤 가치를 제공할 것인가'이다. 고객이 우리 제품을 선택하는 가장 큰 이유, 차별화된 지점이

무엇인지를 생각해야 한다. 최근 스타트업은 타깃 고객의 불편을 개선하는 방식으로 가치를 제공하고 있다. 창업가가 평소 불편하다고 생각했던 것을 개선한 것이 창업 아이템이 되는 경우가 많다.

3. 채널은 세분화된 고객에게 가치를 제공하기 위해 홍보하고 판매하는 경로이다. 온라인몰에만 집중할지 TV홈쇼핑 채널을 동시에 이용할지 등 어떤 채널이 가장 적합할지 생각해야 한다. 개인적으로는 특별한 전략으로 집중하는 경우가 아닌 이상 모든 마케팅 판매 채널을 동원하는 것이 좋다고 생각한다.

4. 고객관계는 비즈니스 모델의 핵심인 고객과 어떤 형태로 관계를 맺고 상호작용할 것인가이다. 브랜드 커뮤니티, 공식 인스타그램, 제품 박람회 등을 통한 프로모션, 홍보, 광고 등의 행위를 포함한다. 이런 활동을 통해 신규 고객을 유치하고 기존 고객의 유지할 수 있다.

5. 수익원은 회사의 수익을 창출하는 방법이다. 판매 수익, 대여 및 임대수익, 이용료 수익, 가입비, 라이센싱, 중개 수수료 등 다양한 수익 형태를 가질 수 있다.

6. 핵심자원은 인적, 물적, 지적, 재무 자원 등으로 비즈니스에서 가치를 전달하는 데 필요한 자원이다. 생산적인 측면으로 기업이 오래 운영되기 위해 먼저 파악해야 할 내용이다.

7. 핵심활동은 핵심자원을 바탕으로 실행할 생산활동, 판매활동, 지원활동이다. 비즈니스가 제대로 작동하기 위해 수행하는 모든 활동이다.

8. 핵심파트너쉽은 비즈니스 모델을 효과적으로 작용할 수 있게 하는 파

트너 간의 네트워크이다. 위탁제조공장, 판매를 대행해주는 인플루언서, 배송시스템을 가진 업체일 수 있다. 서로 간의 협력을 통해 효율적으로 비즈니스 모델을 구축할 수 있다.

9. 비용은 핵심자원, 핵심활동, 핵심파트너쉽을 유지하기 위해서 필요하다. 비용의 규모는 핵심자원, 핵심활동 및 핵심파트너와의 확장성에 따라 유동적이다.

이렇게 9가지 요소를 모두 채워 넣었는데도 부족한 부분이 있다면 그것은 보완해야 할 사업적 약점이다. 이처럼 끊임없는 비즈니스 모델링이 초기 창업의 위험성을 줄이기 위해서 가장 중요하다.

세상이 당신의 창업을 돕는다

창업하고 직장 다니고 창업하고 직장 다니고……. 나의 기나긴 창업 여정을 돌아보니 국가의 정책적인 지원을 활용하지 않았다는 점이 큰 아쉬움으로 남는다.

정부에서는 매년 창업지원 포털을 운영하며 예비창업자, 초기 창업자들의 창업을 지원하고 있다. 아래 홈페이지의 다양한 지원 공고를 살펴보고 자신에게 해당하는 정부지원사업으로 창업의 첫발을 떼길 권한다.

창업지원포털 : https://www.k-startup.go.kr

1인 미디어, 1인 커머스 시대를 앞둔 미래는 창업의 시대이다. 길어진 수명으로 퇴직 후에도 일하거나 봉사를 하며 새로운 활동을 시작해야 하는 때이다. 코로나19로 인해 다들 위기라고 하지만, 위기에는 항상 기회가 따라온다. 당신에게 찾아온 위기의 소중한 시간을 낭비하지 않기를 바란다. 이는 자신만의 새로운 방식으로 시도할 절호의 기회임을 명심하자.

창업을 준비하는 지금, 여전히 나의 가슴이 뛴다. 당신도 늦지 않았다. 미래를 준비하라!

인생이란 좋은 카드를 가지고 있다고 해서
항상 이기는 게임이 아니다.
무엇보다 중요한 것은 나쁜 카드를 가진 상황에서
어떻게 게임을 성공적으로 잘 풀어나가는가이다.

– 영국 소설가 로버트 루이스 스티븐슨 –

오늘
나는 내일을 위한
길 위에 서있다

창업 첫걸음
위기를 이기는 자세
멈추지 않고 살아남기

공예창업큐레이터 | 정이숙 ● candle_ral@naver.com

공예가 ● 캔들과 레진, 칠보에서 융합 공예를 추구함

공방 라엘랩(Ra. Lab) 대표 | 현

한국실용공예미술협회 칠보공예지도사 | 현

마이텐핑거수공예협회 레진아트 강사 | 현

한국아로마테라피강사협회 캔들크래프트 강사 | 현

에코생활공예협회 모스생활지도사 | 현

소상공인 재창업패키지 스칸디아모스를 이용한 온라인창업과정 전문강사 | 현

호서대 글로벌창업대학원 창업경영학 석사 과정
성신여자대학교 졸업

창업 첫걸음

단 한 번도, 생각하지 않았던 창업

나는 평생 회사에 다닐 것이라 생각했다. 그러나 30대 초반, 출산과 함께 시작된 아버지의 병간호 때문에 12년간의 회사 경력에 마침표를 찍었다. 5년 후, 새로운 일자리를 찾아 나섰지만 정규직과 파트타임은 병간호를 위해 자유롭게 시간을 사용할 수 없어 제외할 수밖에 없었다. 프리랜서로 근무할 수 있는 회사는 경력단절여성이었던 내게는 보이지 않았다. 그래서 단 한 번도 생각하지 않았던 창업을 시작했다. 내 경험이 창업을 준비하는 경력단절여성에게 도움이 될 것을 기대한다.

세 가지 검색 키워드로 아이템을 찾다

창업 영역을 선정하기 위해 내 상황과 예산, 창업 아이템의 확장성을 고려하여 세 가지 키워드를 선정했다. 여성, 매장 규모, 인테리어를 키워드로 세 가지 질문을 통해 창업 아이템을 캔들로 결정했다.

여성이 혼자서 운영할 수 있는가?
소규모 매장에서 수업과 판매가 동시에 가능한가?
아이템의 전망(확장성)이 있는가?

창업 당시, 캔들은 인테리어 소품으로 부각되던 시기였다. 캔들 공예는 컵에 부어 만드는 기능적 영역에서 다양한 몰드를 활용하는 미적 영역으로 전환되는 시점이었다. 여러 협회와 공방에서 자격증 과정이 시작되고 있었다. 또 다양한 향과 색감, 소품을 이용하여 여성들을 위한 감성마케팅 판매가 가능했다.

새로움에 도전할 때 길이 열린다

홍보는 대상 선정과 꾸준함이 중요하다고 생각하여 홍보 방법으로 블로그를 선정했다. 교육과정을 소개하고, 디자인과 색감을 강조하여 블로그 홍보를 시작할 때, 다른 공방에서 고려하지 않는 특화과정을 개설했다. 전문 강사를 양성하는 민간자격증 과정, 취미 위주의 원데이 클래스, 색과 디자인을 강조한 특화과정으로 세분화시켰다. 특화과정은 제작 의뢰에 따른 맞춤 교육으로 많이 하지 않는 과정이었다. 처음부터 수강생 모집이 되지는 않았지만, 교육과정 소개와 함께 제작 캔들 이미지와 소개 글을 꾸준히 올렸다. 시작에는 인내가 필요하다.

블로그를 통해 특화과정 상담이 들어왔다. 의뢰인은 지역의 조약돌 모양과 색상이 완전히 일치하는 캔들 제작을 요구했다. 상담 후 몰드를 만들고 원하는 색상에 맞춰 캔들을 제작했다. 이후 주상절리와 현무암으로 이루어진 한탄강 관광상품에 대한 시제품 제작에 참여할 수 있었다. 계속해서 블로그를 통해 다른 수강생들의 상담도 이루어졌다.

[시제품, 조약돌 캔들]

경영 철학이 서비스의 방법을 결정한다

사업에 대한 지속 가능성은 돈이 아닌 사람의 마음을 얻을 때 생긴다. 당장 이익이 보이지 않아도 사람을 얻으면 기회가 생긴다. 원데이 클래스는 수강료가 적고 짧은 시간에 마무리하는 수업이다. 보통 만드는 품목을 정하면 자세한 설명 없이 간단한 체험으로 끝난다.

"모레 토요일에 원데이 클래스 수강을 할 수 있을까요?"

남자친구의 선물을 직접 만들고 싶다는 고객을 만났다. 남자친구의 연령, 취향을 자세히 이야기하며 제작할 제품의 종류와 향료를 고르고, 캔들과 태블릿(방향제)을 만들기로 결정했다.

제품 제작 시 알레르기는 가장 먼저 확인해야 할 필수 사항이다. 향료가 들어가는 캔들, 디퓨저, 향수 사용 시 알레르기가 유발될 수 있기 때문이다. 향료는 피부로 직접 흡수될 때, 극히 소량으로도 급격한 알레르기 반응을 보일 수 있다. 이는 화장품 구매 전 패치 테스트를 하는 이유와 같다. 제품 안전성은 가장 중요한 사항이다. 제작할 제품 선정에 앞서 자세한 이야기가 필요한 이유다.

고객 입장에서 고객을 위해 고민하면 서비스의 방법과 방향이 결정된다. 내가 조금 손해보는 것처럼 느껴지면 고객은 더 많이 받는다고 느낄 수 있다. 돈보다 사람을 얻는 것이 언제나 이익이다.

수업을 마치고 난 뒤, 그녀에게 명함을 받았다. "다음 학기부터 출강해주세요."라는 말과 함께.

그녀는 블라인드 테스트로 주말마다 공방들을 찾아다녔다고 했다. 블로그에서 본 재료의 질, 가격 그리고 강의 내용이 기관과 어울릴지 검증이 필요했기 때문이다. 그리고 직접 수강해 보니 서로가 잘 맞을 것 같다는 생각이 들어 더 이상 고민할 필요 없이 강의 제안을 하게 되었다고 말했다. 이것이 기관의 첫 강의 제안이었다. 전혀 예상하지 못했다. 만약 이 수업을 거절했거나 최선을 다하지 않았다면 어땠을까? 인사발령으로 담당자는 바뀌었지만, 그때 이어진 인연은 지금까지 계속되고 있다. 다른 지점들도 연결되어 직원 역량 강화 프로그램에도 참여할 수 있었다.

"Yes"가 연결해준 연간 계약 강의

갑작스러운 요청이 들어올 때, "Yes"로 대답할 수 있는 준비가 필요하다. 기회는 언제 올지 알 수 없기 때문에 준비된 자가 기회를 얻는다. 공예에서의 준비는 다양한 커리큘럼 개발이다. 특히 공예는 늘 새로운 것을 개발하고 준비하는 태도가 필요하다. 기관과 강사를 연결해주는 중간 회사가 생겨났다. 사원 복지의 수요가 커지면서 기업을 위한 공예 강좌가 개설되기 시작했다.

"저 공방이죠? 혹시 외부 출강 가능한가요?"

"네. 물론 가능합니다."

"죄송하지만 당장 내일 오후인데 가능할까요?"

"아~ 내일이요? 네(Yes), 가능합니다."

연락한 담당자는 수업 전날 강사가 일정을 취소하여 다급하게 새로운 강사를 찾고 있었다. 순간 머릿속으로 많은 생각이 스쳐 갔다. 그룹 강의에 대한 경험이 있었기 때문에 외부 출강 시 고려 사항을 바로 생각할 수 있었다. 테이블 배치, 전기사용 시 콘센트 위치, 수강생의 연령 및 성별, 준비해야 하는 기기 등이다. 당장 내일, 장소와 환경도 모르는 곳에서, 담당자도, 회사도, 아는 것 보다 모르는 것이 더 많았다. 가능한 한 모든 환경에 대비해야 했다. 몇 가지 환경을 시뮬레이션하며 재료와 도구들을 준비했다. 다음날 많은 짐을 들고 찾아간 장소에서 수업을 시작했다. 생각대로 수업이 순조롭게 진행되었고, 수강생 만족도가 높아 잘 마무리할 수 있었다. 이렇게 연간 강의를 계약하고, 10명 이상의 그룹 외부 출강을 지속적으로 할 수 있었다.

그 이후에 다양한 패키지 시제품과 개별 의뢰로 다양한 제품들을 만들었다. 강의 또한 대상과 범위가 확대되어 기업, 다문화가정, 학교, 관공서 등에 출강했다.

급박한 의뢰가 들어올 때, "Yes"는 사업의 영역을 확장할 수 있는 시작 포인트다. 의뢰가 들어오기 전에 준비해야 길이 열릴 수 있다.

기관의 신뢰를 얻는 법

기관과 강사의 관계에서 가장 중요한 것은 서로에 대한 신뢰다. 안정감과 좋은 이미지는 오랫동안 함께 할 수 있는 신뢰를 쌓는다. 기관 강의 의뢰는 주제에 맞추어 단기 1회, 월 4회, 분기 12회로 들어온다. 기관은 많은 부분에서 최선을 다해 강의하는 강사를 요구한다. 그 최선의 평가 항목들은 강의 내용, 적절하고 자신감 있는 언어 전달, 수강생을 향한 배려, 좋은 재료의 사용이다. 또한 강의에 맞는 옷차림과 화장도 포함된다. 기관의 강의에 있어서 강사의 외모도 굉장히 중요하다. 첫인상에서 신뢰를 주지 못하면 성공적인 강의와 만족도를 기대하기 어렵기 때문이다.

안전사고는 기관과의 관계를 끊는다

기관 강의에서 안전사고는 즉시 강의의 기회를 잃게 만든다. 실습에서 안전은 가장 민감한 사항이다. 강사는 반드시 수강생들이 도구나 재료를 안전하게 사용할 수 있도록 지도해야 한다. 특히 불을 사용하는 경우 화상과 화재에 주의해야 한다. 어느 기관의 강사 모임이 있었다. 한 강사가 강의에서 캔들 왁스를 녹일 때 어떻게 하는지를 물어보았다. 나는 내가 직접 녹여서 수강생들에게 필요한 양만큼 나누어 준다고 대답했다. 사실 그 강사는 캔들 왁스를 녹이는 과정에서 수강생이 다치는 사고를 경험했다. 이전 강의와 동일하게 각자 사용할 양만큼 재료를 녹이게 했는데 그날, 수강생의 손에 화상이 생긴 사고가 발생하고 말았다.

캔들의 품질은 어떻게 왁스를 녹이는지에 따라 달라진다. 자격증 과정에서 수강생은 직접 왁스를 녹이는 경험을 하는 게 좋다. 사고가 나는 경우 책임은 누가 지게 되는 것일까? 수강생? 기관? 강사? 모두에게 책임이 있지만, 이후 그 강사는 기관에서 강의 의뢰를 더 이상 받지 못했다. 다른 지점에서도 이와 유사한 수업을 1년간 진행할 수 없었다.

위기를 이기는 자세

정부 정책에 따라 부는 위기의 바람

정부 정책에 따라 순식간에 예상치 못한 위기가 찾아올 수 있다. 캔들 공예가 한창 붐이었을 때는 수강생도 많았고 코엑스, 킨텍스 등 많은 전시장에서 볼 수 있었다. 그러나 가습기 살균제로 많은 인명피해가 발생한 사건 이후 환경부는 2013년에 화학물질 관리를 강화하는 법을 만들고, 2015년에 시행했다. 이것이 화학물질의 등록 및 평가에 관한 법률 즉, 화평법이다.

화평법은 화학물질의 등록, 유해성 심사 및 위해서 평가, 위해우려제품 등의 관리에 관한 내용으로 「위해우려제품 지정 및 안전·표시기준」이라는 환경부 고시에 나타나 있다.

위해우려제품이란 화학제품 중에서 국민의 건강이나 환경에 위해성이 있다고 우려되는 제품을 말한다. 2015년 8종이었던 위해우려제품은 2017년 23종이 되었고, 이때부터 캔들도 위해우려제품에 포함되었다.

2019년에는 2종의 생활화학제품이 35종으로 확대되었다. 종전의 「위해우려제품 지정 및 안전·표시기준」 고시에서 「안전확인대상생활화학제품 지정 및 안전·표시기준」 고시를 제정(2019.2.12)했다. 그리고 초의 대상이 기존 파라핀에서 파라핀, 소이왁스, 팜왁스, 비즈왁스(밀랍) 또는 파라핀 등에 있는 소량의 지방산이나 기타 경화제를 혼합한 물질까지 범위가 확대되었다. 기존에 거론되지 않았던 심지에 관한 부분도 개정(2020.06.05)되면서 내용이 바뀌었다. 심지가 면사 또는 면과 화학 섬유와의 혼방사 그리고 나무 심지까지 포함되었다.

판매하기 위해서는 환경부에서 지정한 한국건설 생활환경시험연구원

(KCL) 등 시험검사기관을 통해 자가검사번호를 발급받아 챔프(CHEMP), 즉 화학제품관리시스템에 대표상품등록 및 파생 신고까지 마쳐야 한다. 또한 3년마다 재인증을 받아야 판매할 수 있다.

동일한 제품도 개인별로 인증을 받아야 했기 때문에 사업 위축은 피할 수 없는 바람이었다. 이처럼 까다로운 절차를 거치면서 캔들을 주제로 하는 공방은 줄어들었고, 판매를 위해 배우려는 수강생 수도 점점 줄어갔다.

늦지도 빠르지도 않게 흐름을 보는 시야가 필요하다

평소에 시장의 전체 흐름을 보려는 노력을 하면 실수를 줄일 수 있다. SNS 마케팅으로 공예 시장도 유행에 맞추어 빠르게 변화했다. 수공예 창업자의 연령이 SNS를 가장 잘 활용할 수 있는 젊은 여성으로 바뀌었기 때문이다. 이들은 급변하는 상황에서도 유연하게 변화를 꾀하며, 블로그와 카카오스토리, 유튜브를 활용했다.

그러나 나는 나만의 것, 새로운 아이템을 찾아야 한다고 생각하여 SNS 마케팅에 집중하지 못했다. 불안한 판단과 기준으로 주위의 조언에 휘둘리며 새로운 사업 분야를 찾기 시작했다. 수강생과 일이 줄어들며 불안은 커졌고 시야는 좁아졌다. 프리랜서의 경우 매월 수입이 일정하지 않다. 스스로 찾아 움직이지 않으면 그달 매출은 0원이다. 학교, 회사, 관공서처럼 예산집행을 하는 곳과 연결되어 일하는 경우 해당 월에 따라 매출이 변동된다. 입학식을 기준으로 3월~10월까지는 정신없고, 다른 2개월은 조금 바쁘고 남은 2개월은 아예 일이 없다. 매출 0원을 경험하며 다양한 일의 1년 단위 흐름을 설계하는 것이 중요하다는 사실을 배웠다. 매출의 안정성 부족은 실수로 이어진다.

레진을 처음 알게 된 것은 일본인 친구가 보내준 한 장의 사진 때문이었다. 그로부터 6개월 후 사진 속에 있던 것을 내 손으로 직접 만들 수 있게 되었다. 지금은 많은 사람이 알고 있지만, 그때는 생소한 분야였다. 액상을 굳혀 아크릴처럼 투명하고 단단한 액세서리를 만들 수 있다는 것이 신기할 때였다. 햇빛 아래 그 반짝임을 대할 때면 그동안 내 속에 답답한 것들과 우울했던 많은 상황이 조금씩 바뀌는 것 같았다. 레진공예는 막혀 있던 숨을 쉴 수 있게 해주었고 다시금 움직일 기회를 만들어 주었다.

시장을 앞서가는 것이 항상 좋은 것은 아니다. 사업 아이템을 정할 때 모두가 하는 것 또는 아무도 하지 않는 것을 선택하는 것은 위험을 감수하는 일이다. 레진은 독특했지만 판매가 쉽지 않았다. 그 이유에는 몇 가지가 있었다.

첫째, 소재에 관해 아는 이가 적었다. 내가 선택한 레진은 미술가와 전문가들이 사용하던 고급 소재로 아직 대중화되지 않았다.

둘째, 판매 장소를 찾기 어려웠다. 요즘은 초록창에 뚝딱 치기만 하면 알 수 있지만, 이때는 인맥을 동원하고 발로 뛰어야 정보를 찾을 수 있었다. 정보는 잘 아는 사람에게 물어보는 것이 가장 빠르지만, 이익이 되는 정보를 알려주는 사람은 거의 없었다.

셋째, 출시된 제품의 검증이 이뤄지지 않았다. 1년 뒤에 어떤 문제가 발생할지, 대처할 수 있는지 예상할 수 없었다.

정보 습득을 위한 노력이 중요하다

모든 것을 알려주는 멘토는 없다. 스스로 적극적으로 정보 습득을 위해 노력해야 한다. 어느 날 DDP에서 전시를 마치고 나오던 중 한쪽에 도깨비 모양을 한 큰 풍선 앞에 사람들이 모여있었다. 자신의 핸드메이드 제품을 가지고 나와 판매를 하는 것도, 구매하는 것도 나에게 신선한 충격이었다. 북적이는 곳에서 오가는 사람들을 늦은 시간까지 보고 있었다. 그리고 누군가에게 이것이 무엇이고 어디에서 찾아보아야 알 수 있는지 물어보기 시작했다.

매달 한 번씩 홈페이지를 통해 공고를 확인했다. 당해는 지원이 끝나 이듬해를 기다려야 했다. 이전 공고를 확인하며 지원 준비를 시작했다. 이듬해에 미리 준비했던 서류를 제출할 수 있었다.

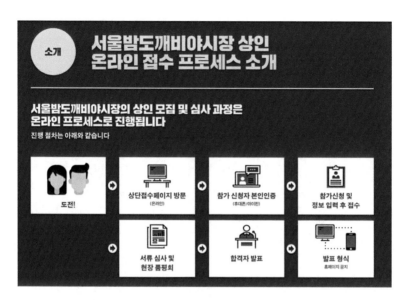

[2020년 서울 밤도깨비 야시장 온라인 접수프로세스]

서울 밤도깨비 야시장에 지원하기 위해서는 핸드메이드 제품이어야 했고, 경력이나 이력도 있어야 했으며, 제품의 장점을 부각시켜 문서로 만들고 PT를 통해 심사자를 설득해야 했다. 부담을 느꼈고 자신이 없었다. 그러나 새로운 것에 도전하지 않으면 새로운 길을 찾을 수 없다. 첫발을 내디뎌야 길의 방향과 모습을 알 수 있다. 확실한 길을 안내하는 내비게이션은 없었지만, 내가 준비한 것으로 움직이고 시작할 수 있어 감사했다.

서울 밤도깨비 야시장에 참여하다

서울 밤도깨비 야시장은 서울시 지원을 받아 핸드메이드를 중심으로 한 문화융합형 사업이다. 1차가 통과되어 3배수의 2차 심사 당일이 되었다.

1800X700 사이즈의 테이블에 각자 만든 제품들을 올려놓고 소비자와 전문가 심사위원 그리고 객원심사위원을 통해 약 3시간 동안 심사를 받았다.

다양한 소비자의 반응을 직접 확인할 수 있었고 금속, 도예, 목공, 니트, 유리 등 손으로 만드는 다양한 영역의 작가들이 참여했다. 이후 여의도, 반포, 청계, DDP 4개의 지역과 각 지역 상단으로 60명씩, 총 240명이 선정되었다. 최종 선정이 되어, 그해 3월부터 10월까지 그리고 다시 12월의 크리스마스 페어로 몇 년간 그곳에 머물러 있었다.

핸드메이드로 특화된 마켓이었기에 다른 시장들보다도 작가들의 특색을 잘 나타낼 수 있었다. 소비자들 역시 소재나 제품을 보는 관점이 달랐다. 새로운 것들을 빠르게 찾아내고 기존 제품과 다른 점을 좋아하고, 평범함이 아닌 독특함과 신기함을 좋아했다. 새로운 것을 받아들이는 것을 두려워하지 않고 즐기는 곳이었다. 봄에 시작해서 가을 끝 무렵에 끝나 겨울에 한시적으로 오픈했기에 라이프사이클을 평가하기에도 좋은 조건이었다. 이후 지원사업과 공모사업을 찾아 지원하며 여러 기회가 찾아왔고, 크라우드 펀딩처럼 몰라서 놓치게 된 것도 있었다. 정보는 너무나 중요하다.

자신의 제품만으로 제공된 1800사이즈 테이블을 가득 세팅한다는 것은 어려운 일이다. 제품의 대량생산이 어렵기도 하고, 소비자의 입장에서는 다양한 제품을 요구하기 때문이다. 판매자의 경우 작가이며 상인이 되어야 하기 때문에 다품종 소량생산, 특정 품목의 대량생산 중 어느 한 가지만을 고집해 선택하기가 어렵다. 두 가지 모두를 적절하게 가지고 가는 것이 필요하다.

특별함 하나 더하기

기존 제품에 특별함을 더하는 방법을 찾으려 노력했다. 나만 할 수 있는 특별한 제품은 사실 없다. 그래서 공예 제작 수업을 하며 남들과 조금 다른 빈티지 스타일과 꽃을 이용한 주력상품을 만들기 시작했다.

[레진 꽃 엔틱거울]

레진 공예를 하며 특별함을 더하는 방법을 고민했다. 그래서 찾게 된 것
이 칠보(은칠보)였다. 칠보는 전통공예에 속하였지만 아는 이들은 거의 없는
공예였다. 은세공 작가들도 미대 전공자들도 전공 시간에 책으로 보아온 칠
보가 궁금해, 학생들의 수업 의뢰가 들어왔다. 800도씨 이상의 고열로 제작
을 해야 하기에 가마가 필수인 칠보는 도자와 같이 가마 전과 가마 후의 모
습이 다르다. 또한 레진과 같이 변수가 많아 예측할 수 없다는 것이 장점이
자 단점이다. 칠보와 레진은 핸드메이드라는 단어가 딱 들어맞는 상품이다.

[칠보 은 반지]

공예 시장은 블루오션에서 레드오션으로 빠르게 변한다. 그리고 코로나 19는 급격한 변화를 강요한 촉매였다. 재미있는 사실은 이전 것들이 완전히 사라지는 것이 아니라 다른 모습으로 돌아온다는 점이다. 라디오는 TV와 컴퓨터가 생기면서 사라질 거라고 했다. 그러나 지금도 있다. 이전에는 목소리만 전달했다면 지금은 보이는 라디오로 영상까지 전달한다. 빠르게 변화하는 속도에 맞추어 유연하게 대응하고 발전해 나가는 것이 필요하다.

1인 창업, 단어의 무게

창업의 첫 문을 열었을 때, 창업에 관해 정확히 알고 시작하였는지 상기해본다. 학교와 회사에서 배운 손익분기점, 결산, 세무 신고, 마케팅, 인사와 노무 등은 1인 창업의 현실에는 적용하기 어려웠다. 회사에서는 분야마다 담당자가 있지만, 창업 후 홀로 많은 일을 감당하며 점점 버거움을 느낀 것이 1인 창업의 현실이다.

소상공 자영업자들의 폐업이 줄을 잇는 지금이 오히려 창업의 기회다. 변화의 시기는 무엇을 시작하기 좋은 기회의 때이다. 지금을 이겨내기 어렵기 때문에 많은 사람들이 시장성이 없다고, 다른 여러 가지 사정으로 힘들게 폐업을 결정한다. 사실 창업을 하는 것도 어렵지만 유지는 더 어렵고 폐업의 결정은 그보다 더 어렵다. 그래서 잘 유지하기 위해서는 준비된 창업이 반드시 필요하다. 창업 후 '창업'이라는 단어의 무게를 느끼게 되었다.

멈추지 않고 살아남기

위기는 기회다

위기를 기회로 삼기 위해서는 새로운 방법을 찾아 움직여야 한다. 2020년, 누구도 예상할 수 없었던 코로나가 시작되었다. 확진자가 빠르게 늘어났고 사회적 거리 두기로 행사와 모임이 취소되었다. 취소된 행사를 포기하고 3월부터 당장 할 수 있는 것을 찾기 시작했다. 서울에 몰려 있던 강의와 행사에서 타지역으로 방향을 바꾸었다. 아직 코로나의 영향이 덜 한 곳을 찾아 참여할 수 있는 곳에 지원했다. 이때 친한 강사의 소개로 소상공인 재창업 패키지 교육 강사로 참여하게 되었다.

이미 강의는 차수별로 진행되고 있어 4차부터 참여하게 되었다. 진행중인 흐름에 맞춰 나만의 강의안을 만들어야 했다. 비대면 ZOOM으로 하는 첫 강의에 익숙하지 않았다.

드디어 강의 첫날, 100여 명이 들어가는 강의실에 노트북과 카메라, 마이크, 나만 있었다. 수강생 28명은 모두 노트북 속 화면에 있었다. 코로나로 인한 새로운 경험이었다. 이후 3차례 강의가 계속되었고 차후에 진행되는 소그룹 멘토링 과정에서 멘토로 참여할 수 있었다.

나에서 우리로

지금까지 홀로 일을 해왔지만, 이제는 1인 기업의 한계가 보인다. 수공예 창업은 쉽게 시작할 수 있지만, 1인 기업으로 사업을 유지하는 것은 어렵다. 사람들은 수공예가 길이 안 보인다고 말하지만, 오히려 시간이 지날수록 가능성이 보인다고 이야기하고 싶다. 손으로 하는 일은 경험이 쌓여야만 길이 열리기 때문이다.

요즘 젊은 공예 작가들은 SNS 마케팅의 흐름을 타며 단일 아이템으로 기존 시장 속에서 사업을 크게 일으키고 있다. 주위의 많은 작가, 강사들이 자극을 받았다.

우리는 왜 저 생각을 하지 못했을까?

우리는 그럼 무엇을 할 수 있을까?

우리가 함께 할 수 있는 것은 무엇일까?

1인 기업의 틀을 벗어나고 지역을 뛰어넘어 '우리'로의 변화를 모색하고 있다. 함께 할 수 있는 것을 공동으로, 서로가 가진 강점들의 시너지를 만들며 융합해 나가는 작업을 시작했다. 때로는 아깝기도 하지만, 이전에 숨겨왔던 나만의 것을 서로의 것으로 나누고 함께하는 첫걸음을 내디뎠다. 아직은 미약하지만 코로나 전에 내게는 없었던 모습이며 이 동력이 나의 내일을 밝히는 빛이 될 것을 믿는다.

나를 위한 UPgrade

요즘 나를 비롯한 주변 강사들은 하루하루가 바쁘다. ZOOM의 활용법을 배우고, 대면에서 비대면 수업으로 바꾸고, 새로운 강의를 개발한다. 스토어팜과 톡스토어를 시작해 온라인에서 판매할 제품을 만들고 모르는 것을 서로에게 알려주며 매일 바쁘게 지낸다. 이렇게 바쁜 상황에서 정규교육과정을 마친 지 20년도 더 지난 지금, 나는 다시 학교로 돌아갔다. 어릴 때 남들을 따라갔던 학교가 아니라 필요와 선택으로 학교의 문을 두드렸다.

왜 가장 혼란스러운 때 다시 학교로 돌아가는 것을 선택했을까? 우리는 비정규직, IMF, 금융위기, 희망퇴직 등 많은 위기들을 경험했고, 다시 코로나라는 새로운 위기 속에서 살고 있다. 위기를 기회로 만들기 위해 지금은 멈추어 있을 때가 아니라 새로운 것을 찾아야 한다.

10년 뒤, 얼마나 많은 것들이 변하게 될까? 예전에 세운 60세 은퇴 계획은 인생 2막의 창업과 함께 80세 이후로 이미 변화되었다. 40대 중반이 된 지금, 100세 시대가 피부로 와 닿는다. 지금 나는 앞으로 움직일 기회를 잡기 위해, 다시 학교로 돌아가기로 결정했다.

새로운 영역을 그리기 위한 준비도 시작했다. 나와 몇몇 공예작가들이 함께 비영리법인을 만들었다. 협회를 신설하고 민간자격증 과정을 만들고, 예술인 등록 준비와 여성기업 신청을 했다. 그리고 각자가 학교로 돌아갈 준비를 하면서 멈추는 것이 아닌 움직이는 것을 선택했다. 당장은 학교 수강 신청도 어떻게 하는지 이해되지 않아 속상하다는 하소연을 하지만, 우리 각자의 2년 후, 4년 후를 새롭게 그렸다. 그리고 100세까지의 청사진 속에, 오늘 나는 내일을 위한 길에 서 있다.

나는 이렇게 말하지 않을까?

"새로운 길 위에 있던 그날, 우리의 오늘을 만들었다."

창업은 기적이다

15만 원으로 시작한 창업
폐업 위기의 카페가 성공하기까지
창업은 나에게 기적이었다

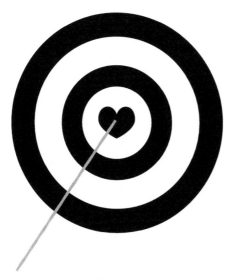

창업성공명리 전문가 | 김현주 🔴 kimh77781@gmail.com

서울시 신용보증재단 창업강사 | 현
서울시 신용보증재단 창업관련 컨설팅&멘토 | 현

서울시 소상공인 요리사관학교 카페창업 실전교육 담당 | 전
미니자판기 커피 유통사업 | 전
외국어 학원 운영 | 전
소규모 카페 운영 | 전
대규모 펍 & 음식점 운영 | 전
패션유통사업 | 전

호서대 글로벌창업대학원 창업경영학 석사 과정
강의 [망하지 않고 성공하는 창업] 과정

15만 원으로
시작한 창업

어린 나이에 알게 된 세상

어린 시절 우리 집은 가난했다. 초등학교 4학년 때, 세 살 된 동생이 병원에 갔는데 다시 돌아오지 못하고 하늘나라로 떠났다. 수술비가 없어서 수술도 못 해보고 이 세상을 떠나고 말았다. 어린 나이에 너무나도 충격적이었다. 돈이 없으면 사람이 죽을 수 있다는 것과 그게 내 가족이 될 수도 있다는 것을 너무 어린 나이에 알고 말았다.

일찍이 창업은 꿈에도 생각해 본 적이 없었다. 평범하게 직장 생활하다 결혼해서 가정을 꾸리는 보통 여자의 삶을 상상했을 뿐이었다.

IMF가 터진 해, 남편은 직장을 잃었다. 가세가 기울어가면서 어린 시절, 가난으로 동생을 잃었던 아픔이 되살아났다. 소중한 가족을 잃게 될 지도 모른다는 두려움으로 죽을힘을 다해 일했다. 또다시 사랑하는 가족을 돈 때문에 잃고 싶지 않았다. 결혼 후 경력이 단절된 내가 선택한 것은 나를 스스로 고용하는 것이었다. 그렇게 나는 새로운 세상과 만나게 되었다.

작은 일부터 경험하기

남편이 시대의 흐름을 거스르지 못하고 직장을 잃게 되었을 때, 첫 아이를 낳았다. 바로 오늘을 어떻게 살아야 할지 막막했다. 나는 돈이 급했다.

세상에는 돈을 많이 준다는 곳도 있고, 쉽게 돈을 벌 수 있는 곳도 있다. 하지만 세상에 공짜는 없다. 그런 곳은 공짜를 좋아하는 우리의 심리를 이용한 심리 게임이라고 생각했다. 쉽게 돈을 벌 수 있는 곳에서는 영혼이 병

든다. 몸은 힘들지만 의지와 정신이 살아있다면, 분명 힘겨운 시간을 이겨내고 성공으로 갈 수 있는 길이 보일 거라 생각했다. 그래서 작은 일부터 경험해보기로 했다.

창업의 씨앗이 되어 준 15만 원

내가 처음 시작한 일은 아르바이트였다. 추운 겨울, 아이를 업고 집 근처 쇼핑몰을 기웃거렸다. 이곳 저곳 구경하다 화장품 가게에 들어갔다. 후줄근한 옷차림에 아이를 업고 들어와 화장품을 구경하는 날 보며 가게 주인은 기분이 좋지 않았다고 했다. 그런데 그런 내가 화장품을 사니 더 놀랐다고도 했다. 그때의 인연으로 그 화장품 가게에서 아르바이트를 시작하게 되었다. 당시엔 아이를 하루 네 시간만 유치원에 보냈다. 그 네 시간 동안 아르바이트를 해 한달에 15만 원을 벌었다. 그 돈이 내 창업을 위한 씨앗이 되어주었다. 비록 아르바이트였고 시급도 얼마 되지 않았지만, 내 일처럼 즐겁게 일했다. 오랜만에 일을 하니 재밌기도 했다. 다행히도 장사가 잘되었고, 정직원 제안을 해주었다. 열심히 일하는 나를 좋게 본 사장님은 월급을 200만 원으로 올려주었다.

일이 힘들고 버는 돈은 적었지만, 일할 수 있다는 것에 감사했고 즐거웠다. 일이 힘들 때마다 너무 일찍 세상을 떠나버린 어린 내 동생을 떠올렸다. 그리고 작은 일도 미래를 위한 경험이 될 거로 생각하며 스스로를 다독였다. 세상에 쉬운 일은 없으며, 미래를 위해 경험을 투자하는 것이라고 믿었다.

경험은 미래를 위한 마중물

하고 싶은 일이 있다면, 그 일의 아르바이트부터 경험해보라고 말하고 싶다. 그 경험이 결국 창업을 할 수 있는 마중물이 된다.

내가 처음으로 해보고 싶었던 일은 14k 전문 가게였다. 그래서 귀금속 가게 아르바이트를 시작했다. 하지만 내가 생각했던 것과는 많이 달랐다. 활동적인 성격이었던 나는 하루 종일 가게 안에 앉아서 손님을 기다려야 하는 것이 지루하고 좀이 쑤셨다. 이것도 직접 경험해보지 않았다면 몰랐을 일이었다. 카페를 차리고 싶을 때는 카페 아르바이트를, 식당을 차리고 싶을 때는 식당 설거지 아르바이트를 했다. 허리가 끊어질 듯 아프고 하혈을 하기도 했다. 팔다리가 후들거렸다. 늦은 밤, 집에 가면 팔다리가 펴지지 않았다. 이렇게 힘들게 살아야 하나……. 나쁜 생각을 하기도 했다. 그때 텔레비전에서 황제펭귄을 보게 되었다.

암컷 황제펭귄은 알을 낳은 후 수컷 펭귄의 발 위에 알을 올려놓고 먹이를 구하러 바다로 떠난다. 수컷 황제펭귄은 알을 발 위에 올려 놓고 따뜻한 몸으로 감싸며 추운 얼음 위로 떨어지지 않도록 보호한다. 그동안 아무 것도 먹지 못한다. 바다로 떠난 암컷 펭귄은 먹이를 구해 가족이 있는 곳으로 돌아온다. 그 기간이 약 두 달이라고 한다. 바로 아기 펭귄이 알에서 나오는 시기이다.

영하 40도가 넘는 곳에서 짐승도 저렇게 열심히 사는데……. 나는 그 황제펭귄을 보며 위로를 받았다. 나도 내 가족을 위해 열심히 살아야겠다고 다시 한번 다짐했다.

600만 원으로 시작한 창업

이런저런 아르바이트로 600만 원을 모았다. 그 돈으로 무엇을 할까 고민하다 자판기 사업을 시작해 보기로 했다. 아기를 키워야 하는 상황에서 잠깐 시간을 내어 할 수 있는 일이었기 때문이었다. 두려움이 많았지만, 스스로 돈을 벌어야 한다는 생각에 창업을 결심했다. 지금 같은 코로나 시대에 할 수 있는 좋은 사업이기도 하다. 바로 비대면 소자본 투자라고 할 수 있다. 고객을 직접 만나지 않고 적은 자본금으로 시작할 수 있는 일이다. 자판기 사업을 하던 중, 커피를 납품하는 일을 해보는 것이 어떻겠냐는 제의를 받았다. 식당에 커피를 납품하는 사업으로 소자본으로 시작할 수 있는 일이었다. 30만 원을 벌면 그걸 모아 다시 투자하고, 수입이 늘어나면 다시 재투자하는 방식으로 사업을 늘려갔다. 고객이 하루에 다섯 번 컴플레인을 하면 열 번이고 서른 번이고 달려갔다. 그 결과 고객들의 신임을 얻게 되었고 사업은 점점 번창했다. 그런데 아이가 어려서 사업에 차질이 생겼다. 아이를 맡기기가 쉽지 않았다. 아이를 잘 키우면서 할 수 있는 것이 뭐가 있을까 고민하다 교육사업을 생각하게 되었고, 친구와 함께 외국어 학원을 시작했다.

교육 사업을 시작하다

교습소 및 대리점의 창업 비용은 1000만 원 미만으로 투자 비용이 적은 편이다. 하지만 몸과 시간 투자를 많이 해야 하고, 마케팅을 잘 해야 한다. 당시 아파트에 전단지를 돌리고, 현수막을 직접 설치하며 홍보했다. 길에서 만난 학생과 학부모에게 전단지를 뿌렸다. 거침없고 활발한 성격 덕분에 학부모들과 잘 지내고 학원도 잘 되었다. 특히 어린 아이를 키우고 있다면 도전해 보길 바란다. 많은 교육 정보를 얻을 수 있고, 아이가 공부할 수 있는 분위기가 형성되어 학업적인 면에서도 좋은 환경을 만들어 줄 수 있었다.

학원과 방문 수업이 잘 되어 좀 더 큰 학원을 차려야 하나 고민했다. 아이도 많이 자라서 이젠 내가 하고 싶은 일을 할 수 있는 시기가 왔다는 생각이 들었다. 아르바이트 할 때 경험했던 카페 사업을 너무 하고 싶은 마음에 함께 일하던 선생에게 학원을 넘기고 카페 창업을 준비했다.

폐업 위기의 카페가 성공하기까지

/

카페 창업을 위한 준비

카페 운영에 대해 아무것도 모르던 나는 카페 창업을 위해 필요한 것이 뭐가 있을까 고민했다. 가장 중요한 것은 커피를 직접 내릴 수 있는 기술과 커피 외의 음식을 만들 수 있는 경험이라는 생각이 들었다. 가장 먼저 바리스타 과정을 배우기 위해 학원을 등록했다. 그리고 브런치와 파스타 과정, 프랑스 무스케이크 만들기 과정과 초콜릿 만들기 과정, 제과제빵 과정까지 배우기 시작했다. 국비지원 직업교육 과정이라 모두 무료로 배울 수 있어서 금전적인 것뿐만 아니라 배움의 기쁨을 누릴 수 있었다. 가장 행복했던 시기였다.

아침엔 바리스타 과정을 배우기 위해 영등포로 뛰어갔고, 끝나자마자 독산으로 넘어와 제과제빵 과정을 배웠다. 다시 가산 디지털단지로 가서 브런치와 파스타 과정을 배웠고, 저녁엔 프랑스 무스케이크 만들기와 초콜릿 만들기 과정을 들었다. 밥 먹을 시간이 없어 이동하는 지하철 안에서 아몬드를 먹거나 천 원짜리 김밥을 사서 먹었다. 어떤 날은 이렇게까지 배워야하나, 하는 생각이 들었고 내 한계가 느껴져 좌절하기도 했지만 카페 창업이라는 꿈 하나를 바라보며 내 마음을 다독였다.

카페 창업은 백조

카페 창업은 겉으로 보기엔 우아해 보이지만, 보이지 않는 물속에서 발을 열심히 굴러야 하는 백조 같다. 여자들이 가장 해보고 싶은 일이지만 조심해야 할 것도 많다. 예를 들면, 커피 한잔을 팔면 겨우 천원이 남는다. 100잔을 팔아 봐야 겨우 10만 원의 이윤이 남는다. 카페 창업을 해보고 싶은 사람은 일단 탁자에 커피 100잔을 만들어 보고 그 양을 느껴봐야 한다. 카페를 운영하다 손목이 아파서 커피를 못 내리는 사람도 많다. 직원을 시킨다고 해도 이직률이 높기 때문에 꼭 스스로 할 수 있어야 한다. 예방법은 손목 운동을 꼭하고 체력을 위해 운동을 하는 것이다. 개인 카페는 하루에 커피 100잔 파는 것도 힘들다고 볼 수 있다. 그렇게 팔 수 있다 하더라도 가게 월세와 관리 유지비, 재료비 그리고 인건비까지. 잘못하면 수입보다 지출이 더 많아질 수 있다. 한 달에 백만 원 번다 생각하고 오픈해야 한다. 처음부터 큰돈을 벌 수 있을 것이라 생각하고 시작하면 몸도 마음도 힘들어진다. 카페는 창업 순위 1위지만, 폐업도 1위인 업종인 만큼 신중하게 시작해야 한다.

폐업의 위기

나에게도 폐업 위기가 있었다. 오픈만 하면 잘 될 줄 알았다. 그 건물에 대기업 직원이 천명 넘게 상주해 있었기 때문이었다. 하지만 같은 건물에 카페만 열 개 넘게 있었다. 더욱이 유명 프랜차이즈 카페가 즐비하게 들어서 있었고, 바로 앞에는 호주 바리스타 출신의 젊은 사장이 운영하는 카페가 있었다. 이미 알고 오픈하긴 했지만, 경쟁은 치열했다. 어느 날은 너무 바빴고, 어느 날은 손님 열 명도 보기 힘들었다.

"이 건물에서 제일 먼저 폐업할 가게는 바로 사장님네 가게일 거예요."

건물 상가인들이 대놓고 말하기도 했다. 점점 자신이 없어졌고, 정말 폐업까지 생각했다. 그때 친구가 카페로 찾아왔다. 내가 너무 힘들어하자 친구는 이렇게 말했다.

"친구야, 이 동네 사람들 모두 문 닫고 나가도 너는 살아남을 거야. 너는 그 정도로 열정이 있고, 힘이 있는 사람이야. 넌 절대 실패를 모르는 사람이야."

모든 사람들이 비난하며 이제 그만 하라고 할 때, 그 친구는 나를 믿어주었다. 그때 나는 힘들 때 내 편이 되어주는 친구가 진짜 친구라는 것을 깨달았다. 그 친구의 응원에 힘입어 다시 힘을 낼 수 있었다.

마침, 안철수의 강연을 들었다. 그는 "사람들에게 도움이 되는 일이 가장 좋은 사업이다."라고 말했다. 그 말을 듣고 나도 사람들에게 도움이 되는 일을 해야겠다고 생각하며 몸에도 좋고 맛도 좋은 샐러드를 개발해야겠다고 결심했다.

건강한 샐러드 개발로 폐업 위기 탈출

나는 맛없는 샐러드가 싫었다. 그래서 매일 새로운 샐러드를 연구했고, 5대 영양소가 골고루 들어간 샐러드를 만들었다. 맛과 영양소를 모두 갖춘 안전식단을 만들었다. 그 샐러드가 조금씩 인기를 얻기 시작했고, 입소문이 나기 시작했다.

한 번은 대기업 직원 중 한 명이 내가 개발한 샐러드를 먹고 10킬로그램 정도 살을 뺐다며 돌아다니는 홍보맨이 되었다. 그 소식이 너무 기뻐 다른 손님에게 말했더니, "저는 사장님 샐러드 먹고 20킬로그램 뺐어요."라고 말했다. 그 말이 너무 기뻤다. 내가 만든 요리를 맛있게 먹는 손님들의 모습에 내가 더 행복했다.

난 손님을 애인으로 생각했다. 손님이 맛있다고 말하면 너무 기뻤고, 고맙다고 하면 왜 그렇게 좋은지. 마치 연애하는 것 같았다. 그 연애는 내 요리에 반한 손님에게 더 맛있는 요리를 해주는 것이었다.

샐러드 외에도 케이크, 파스타, 피자, 브런치 등 다양한 메뉴가 인기를 얻기 시작했다. 윙스푼 맛집에 오르기도 했다. 주변 카페에서 메뉴를 카피해 가도 아랑곳하지 않았다. 나는 돈을 벌더라도 사람들에게 도움을 주면서 벌어야 한다고 생각했다. 이렇게 폐업 위기에 있던 카페를 성공으로 이끌 수 있었다.

기회는 기회를 낳고, 경험은 경험을 가져온다

처음부터 장사나 창업을 할 생각은 없었다. 하지만 내 가족의 미래를 위해 내가 할 수 있는 작은 일부터 열심히 해보자고 결심했다. 코로나로 모두 힘든 요즘, 배달 아르바이트를 할 사람이 없다고 한다. 정말 돈이 없어 힘들다면 이런 작은 일부터 해보는 건 어떨까? 하찮게 보이는 일도 경험이 되어 제2의 배달의 민족이 될 수 있다. 지금은 세계적으로 유명해진 "자라"의 대표는 중졸 판매 사원이었다고 한다. 하지만 지금은 삼성보다 매출이 좋은 세계적인 패션기업이 되었다. 열심히 꾸준히 한다면, 제2의 자라가 될 수도 있다.

하찮게 느껴지는 일이라 할지라도 미래를 생각하며 열심히 한다면, 분명 좋은 기회와 새로운 경험을 가지고 올 것이다.

창업은 나에게
기적이었다

카페 창업교육을 시작하다

카페가 자리를 잡아갈 때 즈음, 내가 졸업한 요리사관학교에서 연락이 왔다. 소상공인협회로부터 카페 창업교육을 해달라는 요청이 왔다며 폐업 1위의 카페를 성공으로 이끈 노하우를 강의해 줄 수 있느냐는 연락이었다. 하루에 200개 넘는 샐러드와 브런치 준비로 눈코 뜰 새 없이 바쁠 때라 안될 것같다고 말했다. 그런데 요리를 담당했던 정영복 교수로부터 직접 전화가 왔다. 카페 창업 후 폐업하는 사람들이 너무 많으며 부채를 떠안게 되어 힘들어하는 사람이 많으니, 카페 유지 방법을 꼭 좀 알려달라고 간곡히 부탁했다.

고민 끝에 제안을 받아들였다. 내가 처음 카페를 창업했을 때, 아무것도 몰랐다. 어둠 속에서 눈을 감고 길을 가는 느낌이었다. 주위에서는 모두 그만두라며 비난했었다. 너무 힘들고 외로웠다. 그때의 기억이 떠올랐다. 나와 비슷한 어려움을 겪고 있는 사람들에게 도움이 되고 싶었다. 그렇게 창업교육을 시작했다. 서울시 신용보증재단에서 창업교육도 요청했다. 강의를 할 때마다 큰 보람을 느꼈다. 내 강의를 들은 사람들이 정말 큰 힘이 되었다며 감사하다고 말했다. 내가 조금이라도 도움을 줄 수 있다는 것이 행복했다. 알고 보니 신용보증재단 창업강사나 창업교육은 아무나 할 수 있는 것이 아니었다. 요리사관학교에서 전문적으로 교육을 받고 창업한 것이 좋은 기회로 연결되었고, 무엇보다 열심히 공부해 우수 학생으로 선발되었던 것이 강의를 할 수 있는 계기가 되었다.

가게가 좁아 교육생을 두 명씩만 받을 수 있었다. 하지만 우리 가게에서 꼭 교육을 받고 싶다는 교육생이 많아서 열 명 넘게 받게 되었다. 가게가 난

리가 났다. 손님이 바글바글 한데, 교육생까지 바글바글했다. 고작 15평 가게 안에 가득 찬 사람들 모습 때문에 웃지 못할 해프닝도 많았다. 어느 날은 같은 건물 L사 직원의 아내가 교육을 받으러 왔다. 남편이 강력하게 추천했다는 것이었다. 나의 창업 이야기를 듣고 힘을 얻는 사람들의 모습을 보니, 정말 기뻤다. 사람들에게 도움이 되는 일을 하고 싶다는 내 바람이 이루어졌다.

경험이 쌓여 창업 노하우가 되다

젊은 시절에는 회사도 다니고, 희망도 많았지만 출산과 육아로 자신감이 떨어졌다. IMF로 남편은 10년 동안 일을 하지 못했다. 내 첫 시작은 아르바이트로 받은 15만 원이었다. 하지만 작은 일에도 소홀히 하지 않았고, 조금씩 성장했다. 그 힘든 시간을 잘 견디다 보니 나에게도 좋은 시절이 찾아왔다. 어떻게 600만 원으로 성공했는지에 대한 강의도 하면서 내가 경험했던 창업 노하우를 알려주고 있다. 가끔은 교육 좀 해달라며 매장으로 직접 찾아오는 학생들도 있다.

"제 아내에게 교육 좀 시켜주세요."

"사장님 노하우 좀 알려 주세요."

"사장님은 처음부터 성공했던 건가요?"

"사장님은 힘든 일은 전혀 안 해본 사람 같아요."

사람들은 나에게 이렇게 말한다. 그런 말을 듣다보면 힘들었지만 죽을 만큼 노력했던 과거가 떠오른다.

준비된 창업은 실패하지 않는다

보통 창업을 하면 일억 원 정도 든다고 한다. 창업에 실패하면 그 돈을 고스란히 잃게 되고 신용불량자가 되기도 한다. 일억 원을 다시 버는 것은 너무나 힘든 일이다. 준비된 창업은 실패하지 않는다. 사업을 하면서 돈도 벌고, 보람과 성취감도 느낄 수 있다. 그 방법은 어렵지 않다. 몇 가지만 준비하면 된다. 그 방법을 알려주고 싶다.

첫째, 내공이 없으면 폐업 위기가 찾아온다.

사업은 잘될 때가 아니라 안될 때를 잘 넘겨야 더욱 성장하고 더 좋은 기회가 주어진다.

같은 건물에 거대 프랜차이즈 가게가 들어왔다. 커피와 파스타까지 판다고 하니, 같은 종류의 파스타를 팔던 카페들이 업종을 바꾸기 시작했다. 어떤 카페는 맛집이었는데도 겁을 미리 먹고 한식집으로 바꾸더니 결국은 폐업하고 말았다. 그때 나는 그 사장님에게 음식이 맛있고 여의도까지 소문난 집이니, 절대 업종을 바꾸지 말라고 조언했다. 하지만 그 사장님은 얼른 업종 전환을 하지 않으면 망하고 말 거라며 나를 걱정했다. 내 생각은 달랐다. 내 가게를 좋아하는 사람들이 많이 있었고, 이미 형성된 마니아층을 믿었다. 나는 이 사람들을 믿고 브런치 카페였던 업종을 변경하지 않았다. 결국 프랜차이즈 가게는 얼마 안 되어서 폐업했고, 소신 있게 고객만 생각하고 뚝심 있게 버틴 결과 브런치 카페 중 우리 가게만 살아남았다. 장사는 잘 되었고, 일

매출이 300만 원 넘게 되었다.

사업은 살아남는 사람이 이기는 것이다. 이것이 내공의 힘이라고 생각한다.

둘째, 나만의 무기를 만들어라.

카페 창업을 결심한 뒤 요리사관학교에서 바리스타 과정, 브런치, 파스타 과정, 제과제빵 그리고 프랑스 무스케이크 만들기 과정을 배웠다. 바리스타 과정에서 배운 지식과 경험으로 커피를 만들다 보니 조금씩 내 커피를 좋아하는 사람이 늘어났고, 나중에는 드립 커피 수업을 하기도 했다. 카페 손님들 중에는 유독 커피 애호가가 많고, 그 중에는 커피 전문가도 있다. 처음부터 제대로 배우지 않으면 맛있는 커피를 만들기 힘들다. 맛없는 커피는 손님들의 불평을 사게 되고, 손님이 무서워서 폐업을 하는 경우도 있다.

프랑스 무스케이크는 만드는 데 다섯 시간이 걸리는 고급 케이크다. 이 과정을 배울 때는 매우 힘들었지만, 케이크를 판매할 때 무스 케이크에 대한 지식이 있어서 손님들의 욕구를 잘 파악할 수 있었고, 케이크 판매 매출도 함께 급상승했다. 제과제빵 과정에서 배운 지식으로 브라우니와 수제 쿠키를 직접 만들어 팔기도 했다. 나는 나만의 무기가 많았다. 직접 배운 지식과 제대로 익힌 기술이 바로 나만의 무기가 되었다. 그래서 어려운 상황이 생길 때마다 나만의 무기를 적절히 사용해 지혜롭게 넘어갈 수 있었다.

교육생 중 아이가 셋인 주부가 한 명 있었다. 그녀는 나에게 브런치 메뉴를 배운 후 브런치 카페를 창업했다. 하지만 스스로 메뉴를 개발해 수제청과

떡케이크를 만들어 팔기 시작했다. 그리고 배달의 민족 맛집으로 인정받았다. 이것이 바로 자기만의 무기이다.

셋째, 직원 관리가 답이다.

직원은 사장의 아바타이다. 그렇기 때문에 하나부터 열까지 잘 가르쳐야 한다. 직원의 실수는 곧 사장의 실수이다. 직원의 실수로 곤란한 일을 겪은 적이 있다. 직원이 진열 상품을 파는 바람에 열 배 가까운 배상을 해야 했다. 그 일로 블로그에 악플 도배를 당하기도 했다. 직원의 실수였지만, 제대로 가르치지 않은 내 잘못이었다.

넷째, 체력을 길러라.

정신없이 일하던 어느 날, 하혈과 어지럼증으로 병원을 찾았다. 자궁 내 혹이 12센티미터라 수술을 해야 한다고 했다. 빈혈도 너무 심해 이러다 죽을 수도 있다며 당장 일을 그만두라고 했다. 생각해보니 10년 동안 제대로 된 운동을 하지 않았다. 건강관리를 제대로 하지 않은 것을 후회하면서 당분간 일을 쉬기로 결정했다. 건강이 나빠지면 열심히 키운 사업도 아무 소용없어진다. 창업할 때 체력관리는 필수다.

다섯째, 남들이 뭐라 해도 버텨라.

사업은 잘될 때가 아니라 안 될 때, 끝까지 버티고 넘겨야 더욱더 성장할 수 있다. 분위기에 휩쓸리지 말고 자기 실력을 키워야 한다. 성공한 가게에 가서 그곳의 성공 비법을 배우는 것도 좋은 방법이다. 내 요리를 좋아해 주는 마니아층이 있다면 자부심을 가지고 기다려야 한다. 지금 잘 안된다고 해서 섣불리 업종을 변경하거나 자포자기한다면 폐업으로 갈 수 있다. 사업은 버티는 사람이 성공한다.

4년 전에 가게를 오픈했던 교육생 한 명은 최근에 코로나를 잘 넘겼다며 생존보고를 했다. 우리 가게에서 교육을 받는 동안 남편이 하루도 빠지지 않고 찾아와 애정을 과시했던 부부이다. 그들은 대기업을 과감하게 퇴사하고 창업을 해 지금까지 잘 버텨주고 있다. 내 교육생이었지만, 그들의 결단과 성장을 보면서 오히려 내가 더 그들을 존경하게 되었다.

여섯째, 자금 관리를 잘해야 한다.

창업을 시작할 때, 열두 달 월세를 준비해 두는 것이 좋다. 고객은 일 년이 지난 후에 그 가게를 인정하기 시작한다. 창업자 또한 일 년이 지나야 고객이 파악되고, 상권분석과 마케팅 효과를 볼 수 있다. 일 년을 버틸 자금 확보가 안 됐다면 창업 준비를 조금 미루는 것이 좋다. 조급한 마음으로 준비 없이 창업하면, 실패할 확률이 높다.

창업지원금을 받을 수도 있다. 창업지원금을 받기 위해서는 사업계획서를 준비해야 한다. 창업스쿨을 통해 양질의 사업계획서 작성법을 배우거나 또는 창업자금 확보를 위한 교육을 받거나 사업가 마인드를 키워보는 것도 좋은 방법이다. 서울 신용보증재단과 소상공인협회에서는 창업 무료교육과 멘토 연결, 창업 컨설팅 등 많은 지원을 해주고 있다. 창업 이후에도 어려운 점을 함께 해결할 수 있게 도와준다.

일곱째, 미소의 힘을 믿자.

아무리 힘들어도 손님 앞에서는 자동으로 미소를 지었다. 웃으면 행운이 생기고, 복이 온다고 믿었다. 그런데 정말 복이 왔다. 미소와 함께했던 경험이 결국 나만의 노하우가 되었다.

처음엔 가족을 위해 몸부림치며 시작했던 작은 일이 어느새 점점 커져 창업교육 강사가 되었다.

창업은 쉽지 않다. 하지만 철저히 준비한다면 성공할 수 있다. 나 역시 처음엔 아무것도 몰랐다. 하지만 간절한 마음이 있었다. 이 간절한 마음을 누구보다 잘 알기 때문에 나와 같은 사람들에게 내 경험을 나누어 주고 싶다. 그리고 나처럼 삶을 위해 창업을 준비하는 사람들에게 말하고 싶다.

창업은 나에게 기적이었다.

기미남
(기획에 미친 남자)
의 전시 노하우
비밀노트

공대생, 전문전시주최자가 되다
위기가 가져온 기회, 창업
기미남의 새로운 숙제, 제2의 인생 기획하기

전시창업기획자 | 이경섭 ● future94@hanmail.net

20년 경력의 PEO (Professional Exhibition Organizer)

(주) 다온전람 대표 | 현

서울상공회의소 관악구상공회 이사

주요 개최 전시회

서울베이비키즈페어 (aT센터)

MBC웨딩페어 (63빌딩)

SBS결혼박람회 (SETEC)

여성발명왕엑스포 (KINTEX)

코리아나라장터엑스포 (COEX)

안티에이징엑스포 (COEX)

한경은퇴이민박람회 (aT센터)

그린수송장비엑스포 (KINTEX)

사해사본과 그리스도교의 기원 (전쟁기념관)

루벤스 바로크 걸작전 (세종문화회관, 광주시립미술관)

호서대 글로벌창업대학원 창업경영학 석사 과정

건국대 전기공학 졸업

공대생,
전문전시주최자가
되다.

기획에 미친 남자의 탄생은 예상치 못한 곳에서

1994년, 적성에 맞지 않는 건국대학교 전기공학과에 입학했다. 취업이 쉬운 전공을 선택한 것이다. 신입생 100명 중 여학생이 한 명인 학과는 낭만과는 거리가 멀었다. 수업은 흥미가 없었고 학사경고도 두 번이나 맞았다. 우주탐구회란 동아리에서 활동하는 것이 대학 생활의 유일한 낙이었다.

그런데 예상치 못한 곳에서 적성을 발견했다. 성당 주일학교 교사를 하며 내가 좋아하는 일이 기획이라는 것을 깨달은 것이다. 캠프, 성탄제, 체육대회, 소풍 등 여러 행사를 시간 가는 줄 모르고 가슴 뛰며 준비했다. 프로그램이 계획대로 진행되고 학생들이 좋아할 때는 너무 뿌듯했다. 기미남(기획에 미친 남자)이 되어 버린 것이었다.

기왕이면 세계적인 감각을 가진 기미남이 되기로 마음먹었다. 그래서 졸업을 한 학기 앞두고 호주로 떠났다. 외국 신부님이 있는 성당에서 하숙하며 부족한 영어 실력을 늘렸다. 그리고 멜버른에 있는 대학교에 가서 한 학기 동안 기획 관련 수업을 듣고 많은 축제와 행사에 참여했다.

전문전시주최자의 길은 자신감에서 시작되었다

귀국해서 대학을 졸업하고 취업 준비를 본격적으로 하려 했다. 그런데 전시회를 개최하는 회사에서 먼저 입사 제안을 했다. '잡코리아'에 등록한 이력서를 보고 연락을 한 것이다. 자기소개서 제목이 '기획의 달인'일 정도로 넘치는 자신감이 마음에 들었다고 했다.

COEX 같은 전시장이나 전시회는 매우 낯설었다. 하지만 전시회 준비부터 운영까지 기획으로 모든 프로세스가 진행되는 점이 매력적이었다. 전문 전시주최자 PEO(Professional Exhibition Organizer)의 시작이었다. 서울 베이비 키즈 페어, MBC 웨딩페어, SBS 결혼박람회, 여성발명왕 엑스포, 코리아 나라장터 엑스포, 안티에이징 엑스포, 한경 은퇴·이민박람회, 그린 수송장비 엑스포, 사해사본과 그리스도교의 기원, 루벤스 바로크 걸작전 등 많은 전시회를 성공적으로 개최하였다.

주최자와 참가업체는 동반자 사이

주최자와 참가업체는 서로 밀접한 상호작용을 한다. 주최자가 행사를 잘 기획해서 많은 관람객이 오면 참가업체는 좋은 성과를 얻을 수 있다. 참가업체가 관람객에게 높은 만족을 준다면 차기 행사 관람객의 재방문율이 높아지고, 결과적으로 전시회 규모가 커진다. 즉 주최자와 참가업체는 서로 밀고 끌어주는 동반자 사이라고 할 수 있다.

전시회가 끝난 후 참가업체가 거래를 성사했거나 투자를 받는 등 좋은 결과를 얻었다며 감사의 말을 할 때 너무 행복했다. 전시회 기간 동안 주말에도 쉬지 못하고 동분서주하며 뛰어다녔던 피로와 고단함이 그 말 한마디에 사르르 사라졌다.

성적에 맞춰 간 대학의 전공이 아닌, 적성에 맞춰 찾은 일 덕분에 진정한 기미남이 되어 여러 전시회를 누비며 다녔다. 이 경험은 곧 회사 대표가 되어 창업할 수 있는 기회를 가져다주었다.

위기가 가져온
기회, 창업

위기 속에서 기회를 보는 기미남

2014년 11월, 갑자기 첫 직장이 폐업하게 되었다. 주주들의 욕심 때문에 큰 회사가 이렇게 쉽게 문을 닫을 수 있다는 것에 놀랐다. 불혹의 나이에 깊은 고민을 하게 되었다.

'안전하게 12년 동안 한 우물을 판 경력을 살려 새 직장에 취업할 것인가? 차라리 나의 노하우가 살아있는 회사를 창업할 것인가? 그래, 늘 마음속에 기획의 나래를 크게 펼치고 싶지 않았던가!'

반년 안에 수입을 만들 수 있을 거라는 확신도 있었다. 직장에서 기획한 서울 베이비 키즈 페어(서베키)를 계속해서 개최할 수 있다는 자신이 있었기 때문이었다. 기미남의 결정은 창업이었다.

열정과 꿈으로 시작한 다온전람

혼자 정신없이 창업 준비를 시작했다. 사무실은 전시장과 가까운 서울에 얻기로 결정했다. 당시 경기도에 살았는데, 시간을 절약하기 위해 서울 부모님 댁으로 짐을 싸서 들어갔다. 초중고등학교를 모두 다녀서 잘 아는 관악구에 사무실 계약을 했다. 같은 직장에서 일했던 여섯 명의 동료들과 함께 나오는 상상을 하며 차량은 7인승으로 구입했다. 새벽이면 자동으로 눈이 떠졌다. 혼자 사무실로 출근해 배달 음식과 편의점 간식을 먹으며 일을 했고, 자정이 넘어 퇴근해 집으로 돌아왔다. 뒤를 돌아볼 겨를 없이 지냈지만, 열정과 꿈이 있었기에 힘들지 않았다. 2014년 12월, 창업을 준비한 지 한 달 만에 '좋은 모든 것이 온다'라는 뜻의 ㈜다온전람이 탄생했다.

신뢰가 만들어 준 창업 파트너

일자리를 잃고 집에 있는 여섯 명의 동료에게 연락해 함께 해주길 부탁했다. 하지만 대부분 서른 전후의 나이여서 불안한 창업 대신 안정된 직장에 취업할 것이라 짐작했다. 그런데 기적이 일어났다. 한 명, 두 명 연락이 오더니 결국 여섯 명 모두가 함께 해주기로 한 것이다. 너무 고맙고 든든했다. '나를 신뢰해 주는 것을 보니 그동안 헛살진 않았구나!'라고 스스로를 칭찬했다. 기미남으로 쉬지 않고 달리면서 창업 준비를 열심히 한 보람이 있었다.

직장 동료는 최고의 창업 파트너다. 함께 일을 해봤기 때문에 상대방의 장단점을 잘 알 수 있다. 또한 과거에 저질렀던 실수를 반복하지 말자는 마음가짐으로 뭉칠 수 있다. 물론, 처음 듣는 '대표님'이란 호칭은 많이 어색했다.

첫 전시장 계약 노하우는 스피드

창업 후 첫 업무는 2015년 봄, 여름, 가을, 겨울 총 네 번의 서베키 임대 신청을 하는 것이었다. 전시장은 서초구에 있는 aT센터 전관(8,047m², 약 2,500평)이었다. 신생 회사이지만 같은 행사를 오랫동안 진행한 노하우와 인력이 있다는 점을 행사계획서와 회사소개서에 강조했다. 준비된 모습을 보여주기 위해 서류 봉투도 회사용으로 제작할 정도로 세심한 부분까지 신경 썼다. 신청서를 제출한 후 배정을 받기 전이지만 계약금을 입금하고 결과를 손꼽아 기다렸다.

열흘 만에 계약하자고 연락이 왔다. 우편으로 진행할 수도 있었지만 직접 방문하여 4건의 계약서를 작성하였다. aT센터에서 가장 큰 규모와 많은 횟수의 전시회를 계약한 것이다. 퇴근 시간이 지나도 집에 가지 않고 사무실에서 기다리던 직원들과 서로 껴안고 울먹이며 축하를 했다. 만약 전시장 계약을 못 했다면, 지방이나 작은 전시장을 찾아다녀야 했을 것이다. 빠르게 준비한 결과, 나를 믿고 따라준 고마운 동료들과 함께 바로 전시회를 준비할 수 있었다.

전시회 성공과 사업 확장

2015년 3월 12일부터 4일간 ㈜다온전람이 주최하는 서베키가 처음으로 열렸다. 기존 참가업체가 성공적인 개최를 믿고 많이 참가했다. 전시 규모는 최대인 114개사, 344 부스였다.

〈1부스: 9m²(3m×3m)〉

첫 전시회 성공을 시작으로 사업을 확장해갔다. 강북 지역에서도 임신·출산·육아 관련 전시회를 개최해 달라는 요구가 많았는데, 전문 전시장이 없었다. 그래서 세종대학교 컨벤션센터에서 프리미엄 서베키를 추가로 개최했다.

괜찮은 유아용품을 직접 유통해보고 싶은 생각이 들었다. 참가업체에 거의 원가로 제품을 구매해서 전시회와 시장이 겹치지 않는 대형서점, 쇼핑몰, 백화점 등에 제품을 입점시켰다. 반응이 좋아서 대구와 부산까지 30여 곳에서 유통하게 되었다.

여성 장애인을 위한 성프란치스꼬 장애인 종합복지관을 후원했다. 여성 장애인은 임신, 출산, 육아에 특히 많은 어려움을 갖고 있다는 이야기를 듣고 무상으로 서베키에 참가 기회를 주고 매년 유아용품을 기부했다.

[성프란치스꼬 장애인 종합복지관 후원]

특허청이 주최하는 여성발명왕 엑스포를 킨텍스에서 2년 연속으로 성공적으로 진행하였다. 국제행사로 대회, 박람회, 포럼, 아카데미, 관광 등 MICE(MICE: 회의(Meeting), 포상관광(Incentives), 컨벤션(Convention), 전시(Exhibition)의 머리글자를 딴 것) 산업이 모두 결합한 행사이다.

행사도 늘리고 직원도 충원하며 바쁘게 회사를 확장했다. 덕분에 3년 차 신생 회사 매출이 20억 원에 가까웠다.

위기는 혼자 오지 않는다

2019년, 회사 매출의 주축이 됐던 서베키 참가업체 모집에 애로사항을 겪게 되었다. 출산율이 저하되고 온라인 판매 채널이 성장하며 전국적으로 유사 전시회가 많아졌기 때문이다. 그래서 횟수와 규모를 줄이고, 이런 상황을 대비해 준비하던 신규 전시회 개발에 집중했다. 속도를 내기 위해서 매일경제신문과 공동주최 계약을 맺고 본격적으로 준비를 시작했다.

그런데 청천벽력 같은 일이 일어났다. 퇴근 후 여느 때처럼 딸의 저녁을 차리는 중이었다. 갑자기 오른팔에 마비가 왔고, 말이 제대로 나오지 않았다. 뇌출혈이 온 것이다. 구급차가 왔고, 걸을 수 없는 상태에서 의식을 잃었다. 그리고 며칠 만에 깨어났다. 주치의 말에 의하면 사망률이 50%였다고 한다. 감사하게도 살았지만 반신불수 상태로 간병인이 24시간 곁에 있어야 하는 상황이었다. 그러나 희망을 품고 재활에 최선을 다했다. 상반신이 약간 회복되자 병실 침대에서 노트북과 전화로 업무를 시작했다. 직원들도 책임감과 열정을 갖고 열심히 준비했지만 현실은 냉정했다.

신규 전시회는 참가 대상업체가 첫 회를 본 후 차기 행사에 참여하겠다는 반응이 대부분이다. 그래서 성공률이 50%가 안 된다. 게다가 대표인 내가 병원에 있는 상태라 대외적으로 움직이지 못하니 더욱 쉽지 않았다. 고민 끝에 신문사와 전시장에 지급한 계약금과 초기에 소요된 비용들을 포기하고 내년에 다시 준비하기로 했다.

병원에 입원한 지 6개월 만에 퇴원해서 직원들의 퇴직금과 거래처 비용을 빠짐없이 지급했다. 그리고 다시 혼자 창업을 준비했던 것처럼 일하기 시작했다.

그러나 이런 것을 엎친 데 덮친 격이라 하는 것인가! 2015년에 잘 이겨낸 메르스와 비교가 안 되는 코로나19가 발생한 것이다. 전시장이 오픈조차 하지 못하는 경우가 많아서 기존 전시회들은 취소되거나 연기되었다. 이런 상황에서 신규 전시회 준비는 불가능했다. 몇 달을 고민해 보았지만, 갑갑한 상황은 끝이 보이지 않았다. MICE 산업의 모든 분야가 코로나19로 올스톱되고 말았다.

절대 쓰러지지 않는 기미남의 새로운 도전

20년의 경험으로 봤을 때, 전시는 100% 온라인으로 대체되기는 불가능하다. 오감을 선호하는 관람객이 많기 때문이다. 또한 모든 참가업체가 온라인으로 관람객이 원하는 것을 시간에 맞춰 제공하기가 아직은 힘들다. 그래서 기미남은 온라인의 비중을 키우고 플랫폼을 이용하는 하이브리드(Hybrid) 전시를 기획하고 있다.

나는 숨 고르기를 하며 새로운 도전을 한다. 그동안의 경험과 노하우를 압축하고 새로운 시대에 맞게 변형하여 다시 한번 기획에 미쳐보려 한다.

기미남의
새로운 숙제,
제2의 인생 기획하기

백세시대, 지천명을 앞둔 기미남의 미션은 노하우를 공유하여 같은 경험이 있는 사람들에게 도움을 주는 것이다. 그 첫 번째 대상은 소상공인이다.

20년간 수천 개의 참가업체를 만났다. 좋은 성과를 얻고 지속적으로 참가하는 업체는 공통점이 있었다. 그들은 모두 열정을 가지고 행사를 함께 기획한다는 생각을 가지고 있었다. 국내 소비재 전시회의 경우 참가업체는 소상공인 비율이 매우 높다. 행사 기간에 인원이 나와 있으면 사무실이나 매장 운영이 힘든 경우가 많다. 그래서 준비 과정부터 직접 방문하고 연락을 하면서 성과를 내는 방법을 상세히 설명해 주었다. 이런 교육 덕분에 서울 베이비 키즈 페어의 경우 보통 70% 이상의 참가업체를 차기 행사에서도 볼 수 있었다.

성공적인 전시를 위한 비밀 노트

행사의 프로세스별로 성과를 얻는 방법에는 네 가지가 있다.

첫째, 참가 목적은 정확히, 기간과 장소는 효율적으로 한다.

행사의 준비부터 사후 업무까지 방향을 잡아 주는 것이 참가 목적이다. 처음 참가하는 경우 상품 판매나 서비스의 홍보를 위한 것인지, 신제품의 개발이나 출시를 앞둔 시장 조사 차원인지, B2B를 위해 거래처나 투자사를 만나기 위한 것인지 파악한다. 조금씩 관련이 다 있다고 걱정할 필요는 없다. 우선순위를 매겨서 결정하면 된다.

행사 기간 외에 사전 준비와 사후 관리 일정이 충분한지 점검해야 한다.

시골 장터와 다르게 모든 소상공인은 지속적인 사업을 원하기 때문이다. 보통 전시기간은 일주일 이내이고 전시장에서 준비하는 반입 기간이 이틀, 행사 후 정리하는 반출 기간은 하루다.

장소는 회사나 제품의 성격과 맞는 관람객이 올 수 있는 곳인지를 고려한다. 참가업체의 편의를 위해 이동 거리, 부대시설, 숙박 등도 알아봐야 한다. 규모가 있는 전문 전시장은 전국적으로 주요 시도에 있지만, 행사장은 공원, 체육관, 회관, 구청, 시장 등 매우 다양하다.

둘째, 신청은 신속하고 준비는 철저하게 한다.

빠르게 참가 신청을 하면 장점이 많다. ① 부스 위치 선정 방식이 선착순이나 주최자 임의 배치라면 좋은 위치를 선점할 수 있다. ② 조기 신청 시, 참가비를 할인해 주는 경우가 많다. ③ 신청 마감이 돼도 기신청 업체가 참가를 취소하는 경우에는 예비 신청자 순으로 기회를 준다. ④ 정부, 지자체, 관련 기관 등에서 참가비를 지원하는 경우가 있는데 예산이 한정되어 있다.

철저한 사전 준비는 행사의 첫 단추이다. 전시회는 대회나 시험처럼 기간이 정해져 있다. 끝난 후에 아쉬워해도 아무 의미가 없다. 행사 때 사용할 홍보물은 통일성을 갖고 제작한다. 그래야 관람객의 시선과 기억에 잘 남는다. 일반적인 조립식 기본 부스의 경우 디스플레이를 위한 포스터, 각종 배너와 카탈로그, 명함, 쿠폰 등 비치할 인쇄물이 기본적으로 필요하다.

전시, 반입, 반출 기간에 상주할 인력은 두 명 이상이 좋다. 점심이나 화장실 사용으로 부스가 비어 있을 때는 전시품의 분실이나 훼손이 있을 수 있기 때문이다.

전시안내서를 행사 전에 참가업체에 제공하는데 세부사항을 꼼꼼히 숙지해야 한다. 주최사와 장소에 따라서 규정의 차이가 있으니 참고한다.

셋째, 주최사를 귀찮게 하자.

참가업체가 많이 노출되면 사전 홍보도 되고 전시회 기간에 많은 관람객이 방문하게 된다. 주최사는 참가업체 모집 완료 전부터 온·오프라인으로 행사 홍보를 시작한다. 특히 홈페이지, SNS, 체험단 등 온라인에는 무료로 참가업체를 노출하는 방법이 많이 있다. 참가업체가 특별한 이벤트를 진행하니 노출해 달라고 주최사에 요청하면 전시회 홍보에도 많은 도움이 되기 때문에 거절할 이유가 없다. 언론사에서 기자가 취재를 나왔을 때는 우수 참가업체로 추천하기도 수월하다. 반입 기간에는 부스의 디스플레이어 조언을 주최사에 요청하면 좋다. 관람객 동선에 맞게 컨설팅을 해주기 때문이다.

이외에도 주최사는 전시 기간에 현장사무국을 운영하므로 작은 것이라도 최대한 도움을 받도록 한다. 단, 가장 중요한 참가업체의 연락처와 부스 위치는 직접 확인한다. 전시회 홈페이지, 디렉터리, 안내서, 현황판 등을 꼼꼼히 봐야 한다.

관람객은 예비 고객이다

참가업체의 경우 오픈 시간 전부터 입장이 가능하므로 미리 관람객을 맞을 준비를 해야 한다. 준비된 모습을 보여주는 것은 좋은 인상을 주기 때문에 홍보 및 판매에 많은 도움이 된다. 전시 시간이 지났는데도 관람객이 있으면 주최사에서 여유 시간을 주기 때문에 절대 서둘러 퇴실할 필요는 없다.

전시회가 끝나면 힘이 많이 든다. 소리를 질러서 목도 아프고, 모든 체력을 소진했을 것이다. 그러나 지금부터가 아주 중요하다. 전시회 종료 후 사후 관리에 따라 성과가 많이 좌우되기 때문이다. 전시회 기간에 구매하거나 연락처를 준 관람객에게는 일주일 내로 문자나 이메일 발송을 한다. 부스 방문에 대한 감사를 표시하고 회사의 제품이나 서비스를 안내해 주는 것이 중요하다. 관람객은 전시장에서 직접 보거나 체험을 했기 때문에 소비를 빠르게 결정할 수 있다. 행사 후 주최사가 작성하는 결과보고서 중 관람객의 정보와 설문 결과를 분석해서 홍보 및 마케팅에 이용한다.

소상공인이 중소기업으로 가는 첫걸음

참가업체에게 설문 조사를 해보면 행사에 참가하는 이유는 대부분 판로 개척이다. 행사는 전시회 외에도 축제, 판매전, 박람회, 엑스포 등 여러 가지가 있다. 그러나 판매자와 구매자의 만남의 장이라는 것은 일맥상통한다.

소상공인이 열정을 갖고 모든 것을 기획한다는 생각으로 행사에 참가한다면 좋은 성과를 얻을 수 있을 것이고, 중소기업으로 가는 첫걸음이 될 것이다.

소상공인이나 어려움을 갖고 있는 1인 창업자가 전시 참여를 통해 중소기업으로 성장할 수 있도록 돕는 것이 나의 새로운 숙제이다. 그래서 기미남은 오늘도 교육과 행사를 기획하며 제2의 인생을 그린다.

여러 어려움과 역경이 있지만,

아직 살아있기 때문에 무엇이든지 도전할 수 있다.

도전하라! 기회를 기획하라!

뉴노멀, 여자가 가장 창업하기 쉬운 시대가 온다!

서른 살, 여자가 창업하기 좋은 나이?
브랜드를 살리는 사람, 살림이스트가 되다
단군 이래 가장 창업하기 좋은 시대가 온다!

여성마케팅디렉터 | 김은경 ● salimi@salimist.com

주식회사 살림이스트(www.salimist.com) 대표 | 현

여성소비자 전문 온라인 마케터로 14년간 회사 운영
삼성, CJ제일제당, 매일유업, 애경 등 온라인 마케팅 수행

SK(주) 온라인 사업개발팀 근무 | 전
15만명 3040여성 커뮤니티 싸이월드 살림이스트 클럽장 | 전
네이버 카페 '여우창업학교' 운영 | 현
삼성전자 강의 [온라인 커뮤니티를 활용한 마케팅전략]

호서대 글로벌창업대학원 창업경영학 석사 과정
서울시립대 산업디자인학과 졸업

서른 살, 여자가 창업하기 좋은 나이?

서른 살이 되던 해, 5년 동안 성실하게 다니던 회사에 사표를 냈다. 오직 나만의 브랜드를 만들기 위해서.

내가 기대하고 꿈꾸던 '서른'은 어른이 되는 나이였다. 공자님도 서른을 '이립'이라며 뜻을 세우라고 하지 않으셨는가? 김광석의 '서른 즈음에' 노래처럼 '또 하루 멀어져가는 청춘과 이별'하며 계속 회사에 다닐 수 없다고 생각했다.

리마커블, 보랏빛 소가 온다

리마커블(Remarkable)의 사전적 의미는 '놀랄 만한, 주목할 만한'이라는 의미이다. 세스 고딘의 "보랏빛 소가 온다"라는 책에서 자주 언급되는 의미로 평범한 제품이 아닌 소 떼 무리에 앉아 있는 한 마리 보랏빛 소처럼 눈을 확 사로잡을 혁신적인 제품과 서비스를 창조하라는 의미이다. 이 책을 읽고 앞으로의 나의 삶이 리마커블한 삶이었으면 좋겠다는 생각이 문득 들었다. 언젠가는 이야기할 만한 가치가 있는 삶이기를 꿈꾸기 시작했다.

안전한 길이 위험하다

대학에서 시각디자인을 전공한 후 회사에서 웹디자이너로 근무하게 되었는데, 서비스와 마케팅 기획안을 볼 때마다 의문이 들곤 했다.

'왜 이렇게 했을까? 나라면 이 방향이 더 좋을 것 같은데……'

그 질문들을 해결하기 위해 퇴근 후 마케터들의 모임을 찾아다니며 책을 읽고 토론하며 공부했다. 세스고딘의 "보랏빛 소가 온다", 잭 트라우트의 "

포지셔닝", 페이스 팝콘의 "클릭! 이브 속으로"를 읽으며 가슴이 뛰는 경험을 했다. 마케팅 책 속에 있는 내용과 단어들이 놀랍게도 내 감정을 움직이는 시구처럼 느껴졌다. 내가 하고 싶은 일을 찾은 순간이었다.

Safe is risky 안전한 길이 위험하다.

Design rules now 디자인이 세상을 지배한다.

Very good is bad 아주 좋은 것은 나쁘다.

– 세스고딘, 〈보랏빛 소가 온다〉 중에서 –

서른 살, 하고 싶은 일을 위해 사표를 던지다

브랜드 매니저가 되고 싶었다. 나만의 브랜드를 만들고 그것을 디자인하고 마케팅하고 싶다는 강한 열망이 생겼다. 그렇게 나의 회사, 나의 브랜드를 만들겠다는 결심이 섰고 회사에 다니며 창업을 위한 종잣돈을 열심히 모았다. 퇴사 이후 당장 나오지 않는 월급과 경제적인 자립을 위해 디자인 프리랜서의 일도 시작했다. 결혼하면서 나의 일을 지지해주는 동반자도 만나게 되었다. 두려웠지만 용기를 냈다.

'학교와 회사에서 디자인을 배우고 일했으니 디자인 제품을 만들어 볼까?'

회사를 그만둔 후 이런저런 고민을 했지만 쉽게 생각이 풀리지 않았다. 충분히 준비했다고 생각했었는데, 너무 일찍 퇴사한 것이 아닌가 하는 생각까지 들었다. 내 생각들은 사고의 한계에 갇혀 있었다. 생각의 전환과 창의적인 아이디어를 위해 일상과 공간의 변화가 필요했다. 그 질문들의 답을 찾기 위해 혼자 한 달 동안 유럽으로 여행을 떠났다.

자아를 찾기 위한, 혼자만의 여행을 떠나다

한 달 동안의 여행은 새로운 문화를 접하고 예술 작품에 감동하며 낯선 사람들과 소통하는 시간이었다. 그동안 치열하게 산 나를 위로하며 스스로 질문해보는 시간이기도 했다.

'앞으로 어떤 일을 해야 할까? 배움이 부족하니 더 공부해야 할까? 행복한 삶을 영위하려면 무엇을 더 구해야 할까?'

미술관 투어 중에 들은 미켈란젤로의 에피소드가 인상적이었다. 피에타상을 만든 후 미켈란젤로는 자신의 작품이 너무 자랑스러워 조각상의 옷깃에 자신의 이름을 새겨넣었다. 후에 미켈란젤로는 피에타상에 자신의 이름을 새긴 행위를 부끄러워하며 다시는 어떤 작품에도 이름을 넣지 않았다고 한다. 그렇지만 이름을 새기지 않아도 누구나 그의 작품을 알아보았다. 이 에피소드를 통해 '브랜드를 만들기에 앞서 그것을 만드는 나라는 사람의 정체성을 알아야 하는구나!'라는 깨달음이 왔다. 제품이나 서비스는 최종 결과물일 뿐이었다. 그 결과물에는 창조한 사람의 삶과 철학, 세계관이 반영되어 있었다.

15만 명, 30대를 위한 여성 커뮤니티를 만들다

여행을 마치고 나를 더 알기 위해 더 많은 것들을 경험하기로 했다. 서른 살, 여성, 결혼한 여자. 그것이 나의 사회적인 정체성이었기에 나와 비슷한 사람들이 모이는 커뮤니티를 만들었다. 미래의 내가 만들 브랜드의 지지자이자 소비자가 될 30대의 그녀들은 무엇을 고민하고 무엇에 열광할까? 궁금했다. 당시에는 아이러브스쿨, 싸이월드와 같은 커뮤니티가 유행을 하는 시기였고 커뮤니티는 여러 실험을 해보기에 좋은 공간이었다. 그렇게 싸이월드에 '살림이스트'라는 이름으로 30대 여성을 위한 커뮤니티를 생성했고, 15만 명의 회원들이 몰려들었다. 당시 실명 기반이었던 싸이월드에서 가장 큰 여성 커뮤니티였다. 회원들을 위한 정기적인 이벤트와 다양한 취미 클래스를 진행했다. 처음부터 끝까지 서비스를 기획하고 디자인하고 홍보하는 일은 큰 성취감과 즐거움을 주었다.

웹디자이너에서 마케팅 전문가로 변신하다

커뮤니티가 유명해지면서 큰 기업들의 협업 제안이 이어졌다. 삼성전자 마케팅 팀에서 직접 연락이 와서 삼성과 다양한 일을 시작하게 되었다. 삼성에서 출시한 스마트오븐의 레시피 제작에 참여하는 일과 당시에는 생소했던 로봇 청소기 개발에 관한 소비자 그룹 인터뷰(FGI)였다. CJ 식품개발팀에서도 연락이 와서 회원들과 함께 CJ 쿠킹클래스와 제품 체험단을 진행하게 되었다. 방송 출연 요청도 이어져 KBS '청년성공시대, 내일은 요리왕' 심사에 참여했으며 MBC 예능 유재석의 '놀러와'에 초대받기도 했다.

그 즈음 본격적인 첫 비즈니스 의뢰가 들어왔다. CJ에서 출시한 '흔들어 팬케이크' 제품의 UCC 영상 촬영이었다. 우리가 제작한 UCC 영상은 네이버 포털 메인에 오르게 되었고 큰 이슈가 되었다. 영상의 제목은 '남자친구를 위한 초간단 생일케이크 만들기'였다. 수십만 조회 수를 넘기며 몇천 개의 댓글이 올라왔다. 요즘 말로 바이럴 영상이 대박이 난 것이었다. 거기에 노이즈 바이럴이 발생하면서 다시 큰 이슈가 되었다. 여자들은 명품가방 선물 받으려고 하면서 이런 간편식으로 남자친구의 생일케이크를 만들어주느냐는 갈등으로 남녀 간의 댓글 전쟁이 일어난 것이다. 의도치 않은 결과였지만 노이즈 마케팅의 영향력이 이런 것이구나 실감할 수 있었다.

CJ는 비용을 지급하기 위해 커뮤니티가 아닌 공식 회사의 사업자등록증을 요청했고 2007년 온라인 마케팅 회사를 창업하게 되었다. 창업한 이후 삼성, CJ, 매일유업, 애경 등 대기업 중심의 여성, 육아, 생활용품 브랜드의 마케팅을 진행하게 되었다. 회사의 슬로건은 '브랜드를 살리는 사람, 살림이스트'였다. 온라인마케팅 전문가로서 일을 시작하게 된 것이다.

여자가 창업하기 좋은 나이는 언제일까?

요즘 창업을 고민하는 여성들에게 많이 듣는 질문이다. 내 사업을 시작하기 좋은 나이가 있을까? 결론을 말하면 창업하기 좋은 나이란 없다. 점검해야 할 것은 자신에게 창업가의 정신이 있느냐 없느냐는 것이다. 자아실현이든 생존을 위한 일이든 서른이든 오십이든.

아이디어와 실행력, 실패를 두려워하지 않는 용기만 있다면 그때가 가장 창업하기 좋은 때라고 말하고 싶다.

브랜드를
살리는 사람,
살림이스트가 되다

온라인 마케팅은 온라인을 기반으로 한 제품과 서비스의 시장 관리 전략이라고 말 할 수 있다. 효과적으로 온라인 마케팅을 집행하려면 일명 뜨는 포털과 플랫폼에서 기회를 잡아야 한다.

2007년 회사 창업 당시에는 검색엔진을 기반으로 한 네이버의 급격한 성장이 이루어지는 시기였기에 네이버의 광고시스템과 영향력 있는 인플루언서인 '파워 블로거'를 잘 활용하는 것이 중요했다. 여러 모임과 커뮤니티에서 친분이 생길 기회가 많았기에 그들과의 관계는 비즈니스 파트너라기보다 친구와 함께 일하는 기분이었다. 온라인 마케팅 시장은 점점 성장하기 시작했고 나의 일도 점점 많아지기 시작했다.

엄마가 된다는 것은 또 다른 기회의 시작이다

2010년, 내 인생에서 의미 있는 변화가 생겼다. 아이를 출산하게 되었고 일과 육아의 병행은 쉽지 않은 일이었다. 둘 다 포기할 수 없는 일이었기에 우선순위를 정하는 것이 중요했다. 안정적인 아이 양육과 사업을 위해서 '할 수 있는 것'과 '할 수 없는 것'을 빨리 판단해야 했다. 아이를 키우는 기간에는 모르는 것을 알기 위해 학습하고 노력하는 것보다 내가 잘 알고 있는 시장의 제품을 마케팅하는 것이 유리하다고 생각했다. 다양한 육아템을 구매하고 사용하면서 어떤 마케터보다 브랜드 스펙트럼이 더욱 넓어졌다. 제품을 구매하기 위해 쇼핑몰을 뒤지며 가격 비교를 하고, 커뮤니티에서 평판을 확인해보는 일들은 업무에 큰 도움이 되었다. 그래서인지 기저귀, 유아 세제, 유아 장난감, 아기 띠, 유모차, 매트 등 육아 관련 브랜드들의 의뢰가 이어졌다.

강소기업 브랜드 '뮤라'를 살리다

오랜 고민 끝에 살림이스트의 주요 고객사를 '대기업'에서 제품의 강점이 있는 '강소기업'으로 설정했다. 주말과 밤낮을 가리지 않던 근무시간은 낮의 근무시간에만 일하기로 했다. 절대적인 근무시간이 줄어들었기에 시간을 효율적으로 관리하면서 매출 성과를 내는 것이 중요했다. 대기업 같은 경우에는 아무리 매출이 늘어나도 다음 해의 계약을 장담할 수 없었다. 대기업 계약에는 영업력, PPT와 같은 페이퍼 작업 능력 등 많은 변수가 있었지만 작은 중소기업의 경우는 달랐다. 매출이 드라마틱하게 늘어나기만 한다면 특별한 영업을 하지 않아도 장기계약은 당연한 수순으로 이어졌다. 그렇게 함께하게 된 강소기업 브랜드가 바로 방수요 제품으로 유명해진 유아 침구 브랜드 '뮤라'이다.

그때 만난 뮤라는 방수요 카테고리에서 1등 브랜드 제품으로 현재까지 10년 동안 자리매김하고 있다. 경쟁업체와 카피 제품이 늘어나고 있고 신제품을 개발하고 변화해야 하는 숙제가 남아있지만, 제품에 대해 과학자 정신으로 연구하고 생산하는 뮤라의 철학에 감동했다. 또한 우리나라 섬유제조업이 얼마나 어려운 환경에서 고군분투하고 있는지 알게 되었고, 대한민국의 제조업 사장님들과 강소기업의 브랜드를 진심으로 응원하게 되었다.

[운영중인 '뮤라' 인스타그램]

나와 같은 여성 창업가와 의기투합하다

클레버메리엔은 원적외선에 의한 체온 밸런스 기능으로 몸속 온도를 미세하게 올려 생리통, 불임, 냉증에 도움을 주는 메디컬 언더웨어브랜드이다.

강은정 대표는 화장품 브랜드로 유명한 로레알에서 근무한 경험과 약사 출신이라는 독특한 이력을 소유한 여성 창업가이다. 본인이 생리통과 난임을 경험했기에 자궁 건강에 관심이 많았고, 기능성 언더웨어의 시장성을 발견하고 본인의 사업을 시작했다고 한다.

우리는 첫 만남에서부터 코드가 맞았다. 42살과 35살. 나이만 다를 뿐 공통점이 많았다. 아들을 한 명 둔 워킹맘이라는 것도, 회사를 그만두고 나와 자신의 회사를 만들고 자신의 브랜드를 만들었다는 것도. 우리의 수다는 끊어지지 않았고 그것은 바로 마케팅 아이디어가 되었다.

브랜드 페르소나는 누구인가?

브랜드 페르소나란 브랜드에 부여된 인격으로 타깃 군이 선호할 만한 이미지로 설정한다. 미팅을 시작하면서 클레버메리엔의 페르소나는 누구인지 궁금했다. '세련되고 똑똑한 워킹우먼', '우아한 파리지엔느', '청담동 스타일의 며느리'라는 답변을 듣고 그 설정이 맞는지부터 분석하기 시작했다.

클레버메리엔은 출시 초기 '생리통 완화 팬티'라는 기능성을 강조해서 약국을 통한 유통 판매를 진행했지만, 3년 동안 특별한 매출의 변화가 없는 상황이었다. 브랜드 신뢰도가 높지 않은 상황에서 제품 가격도 일반 팬티 브랜드의 3배가 넘는 고가였기에 소비자들을 최종 구매까지 끌어내는 것이 쉽지 않았다. 강은정 대표와 협의 끝에 몇 가지 마케팅 개선점을 발견하게 되었다.

고객 세분화를 통해 타깃과 가치를 바꾸다

첫 번째는 시장 세분화를 통한 핵심 타깃과 제품이 제공하는 가치의 변경이었다. 기존의 생리통 완화 등과 같이 '자궁 건강'을 챙겨주는 가치가 아닌 '임신'이라는 제품의 제공 가치에 집중하기로 했다.

'어느 시기에 자궁 건강에 가장 집중적으로 관심을 두는가? 클레버메리

엔 제품에 대한 니즈가 가장 강력한 시장은 어디일까?'

이 질문의 답은 '임신 준비 중인 여성'이었다. 결국 브랜드 페르소나, 핵심 타깃을 바꾸자고 요청했다.

늦은 결혼과 출산 계획으로 난임과 불임률이 높아지는 상황이었기에 임신을 준비하는 기간이 예전보다 길어지게 되었다. 그 기간에는 몸을 따뜻하고 건강하게 만들기 위해서 제품을 구매하거나 건강한 라이프 스타일로 바꾸려고 하는 소비자의 행동 변화를 발견할 수 있었다. 병원, 한약, 운동 등의 노력과 비용에 비하면 가격이 비싸더라도 지불할 가치를 느끼기에 제품의 가격 저항성도 상대적으로 낮을뿐더러 그 니즈를 해결할 대체 제품이 없는, 바로 블루오션의 시장이었다.

효율적인 판매 채널인 온라인에 집중하다

두 번째는 약국이라는 오프라인 채널에서 온라인몰로 주요 판매 채널을 변경하여 온라인 광고를 집중적으로 진행했다. 네이버 브랜드 검색, 키워드 광고뿐만 아니라 공식 블로그와 공식 카페 등 고객 커뮤니티를 개설하고 고유의 콘텐츠를 만들어 소통했다. 브랜드 이미지를 높이기 위해서 유명한 브런치 카페를 빌려서 체온 관련 브랜드 클래스를 정기적으로 진행했다. 특별히 초대받았다고 느끼게 하기 위해 소수 정예 인원만이 참여할 수 있도록 했다.

브랜드의 신뢰도를 높이기 위해서는 TV CF 퀄리티의 광고 영상을 보여주는 것이 중요하다는 생각이 들었고 홈페이지의 첫 화면과 상품의 상세페이지에 전면 배치했다. 한정된 마케팅 예산으로 TV 등 매스미디어를 통한 영상 광고는 진행하지 않았지만, 소비자의 신뢰를 얻기에는 좋은 결과물이었다.

기억하기 쉬운 '애칭 마케팅'을 활용하라

세 번째 성공 요인은 일명 애칭 마케팅의 운영이었다. 클레버메리엔은 브랜드 이름이 기억하기 어려웠고 제품의 특성이 직관적으로 느껴지지 않았다. 쉽게 기억하고 부를 수 있는 이름이 필요했다. 에스티로더의 '갈색병' 애칭처럼.

오랜 고민 끝에 '허그팬티'라는 애칭을 만들어 마케팅을 시작했다. 사람들은 '허그'라는 단어에서 배를 따뜻하게 감싸주는 이미지를 연상했고, '허그팬티'라는 키워드 검색량과 커뮤니티 언급량도 늘어나기 시작했다.

화제성 있는 캠페인으로 입소문을 만들다

효율적인 홍보를 위해서는 소비자의 자발적 참여와 파급을 일으킬 수 있는 화제성 있는 캠페인을 만드는 것이 관건이었다. 화제성의 키포인트는 제품의 핵심 컨셉을 꿰뚫어 단순화시킨, 누가 봐도 무릎을 탁! 칠만 한 내용이어야 했다. '헌 집 줄게 새집 다오'식의 '헌 팬티를 보내주면 새 팬티를 보내주겠다!' 카피로 화제와 파급을 일으키는 자극적인 광고와 이벤트를 진행하면서 정체되었던 매출이 신장세를 보였고, 자체 공식 홈페이지에서의 매출이 월 1억 원 매출로 10배 이상 성장하게 되었다. 동아일보에서 먼저 연락이 와서 경제 1면에 강은정 대표의 얼굴이 크게 실리기도 했다. 제품에 만족한 사람들의 자발적인 입소문이 생겨나기 시작했다.

브랜드가 유명해지고 제품의 판매량이 점점 커지게 되자 예상치 못한 여러 어려움이 생기게 되었다. 하지만 경험을 공유한 강은정 대표와 일을 넘어서 인생 동지가 되었고, 그 인연은 10년이 지난 지금까지 이어지고 있다.

여성 창업가를 돕는 회사가 되다

아이들을 위한 장난감회사 '토이트론'을 성장시킨 배영숙 대표, 프리미엄 과일 브랜드인 '올프레쉬' 조향란 대표, 유기농 화장품인 '오엠'브랜드를 운영하는 하수민 대표 등 함께 일했던 많은 여성 창업자들은 특유의 공감 능력과 세심함을 발휘해서 고객의 페인 포인트(Pain point)를 잘 찾아내는 강점이 있었다. 큰 이익보다 일하는 행복감을 추구하는 경우가 많았고 고객이 즐거워하는 모습에 보람과 가치를 느꼈다. 그녀들의 모습은 나와 많이 닮아 있었다. 이러한 창업자와 브랜드를 성장시키며 돕는 경험은 큰 성취감을 주었다.

'브랜드를 돕는 사람이 되자. 돕는 회사가 되자.'
나의 사명을 발견하는 시간이었다.

단군 이래
가장 창업하기
좋은 시대가 온다!

"단군 이래 가장 돈 벌기 좋은 시대가 왔다."

140만 명의 구독자를 보유한 인기 유튜버 신사임당은 이렇게 말했다.

이제 모든 정보는 오픈되어 있으며 누가 먼저 그 데이터를 분석해서 기회를 잡느냐 그리고 실행하느냐인 것이다. 기술의 발달로 누구나 손쉽게 창업하고 SNS를 통해 홍보 채널을 구축할 수 있는 등 창업의 진입장벽은 예전보다 확실히 낮아졌다. 코로나로 인해 여러 어려움이 있지만, 세상의 변화는 또 다른 기회의 시장을 열어준다.

세상의 축이 변하고 있다

2020년 코로나와 경기침체 상황에서도 역대 최대 148만 개의 창업 붐이 일어났다. 비대면 경제 활성화로 전자상거래 등 비대면 업종과 기술 창업이 전체 창업 증가를 견인했다는 분석이다. 그 중 여성 창업이 47.6%를 차지했으며 전년 대비 16.6%가 증가하며 남성 창업보다 증가세가 컸다.

세계적인 경영 석학 마우로 기엔 교수는 "2030 축의 전환"이라는 책을 통해 새로운 부와 힘을 탄생시킬 8가지 거대한 물결을 말하고 있다. 그 8가지 물결 중 하나로 더 강하고 부유한 여성들의 등장을 예견했다. 저출산, 고령화 등으로 줄어드는 생산인구는 여성들로 더욱더 빠르게 채워질 것이다. 일자리를 얻은 여성들이 무보수로 했던 가사는 시장의 용역 활동으로 바뀌어 경제 성장을 촉발한다고 예상했다.

여성이 가장 창업하기 좋은 시대가 왔다

이전 시대보다 뉴노멀의 시대인 지금이 '여성이 가장 창업하기 좋은 시대'이다. 이것은 나 자신이 30대부터 여성 창업자로 14년간 회사를 운영해 오고 여성 소비자를 타깃으로 한 브랜드와 일하면서 느낀 확실한 인사이트이다. 지속적인 온라인 서비스의 확대는 여성이 창업을 준비하기 좋은 환경이다. 임신, 출산, 양육 등의 환경으로 직접 가서 배우기 어려웠던 것들을 줌 등의 온라인을 통해 배울 수 있다. 여성 소비자의 필요나 어려움을 이해할 수 있기 때문에 적합한 서비스와 제품을 개발하는 것도 유리하다. 여성 특유의 감성과 공감 능력이 뛰어나다면 블로그나 인스타그램을 통해 마켓을 운영해 보거나 SNS를 통한 마케팅을 적용해 볼 수 있다. 소비자의 니즈가 다양해짐에 따라 큰 규모의 사업이 아닌 작은 규모의 사업을 시작해보는 것도 쉽다.

나의 강점 찾기가 창업의 시작이다

그렇다면 어떻게 창업을 준비해야 할까? 창업한다는 것은 직장이냐 사업이냐 오프라인 가게인가 온라인 쇼핑몰인가를 결정하는 것이 아니다. 나라는 사람이라는 브랜드를 어떻게 키워 갈 것이냐는 큰 그림에서 고민해야 한다. '나는 어떤 사람인가? 어떤 사람이 되고 싶은가? 어떤 삶을 살아갈 것인가?'를 설계해야 한다. 이것이 바로 퍼스널 브랜딩이자 나의 사명 찾기이다. 내 직업으로서의 정체성, 나만의 특별한 차별성, 나의 강점들을 발견해 내는 것이 중요하다. 그 발견이 내 사업, 창업의 시작점이다.

멀티 페르소나, 창업에도 부캐를 활용하라

당신이 회사에 다닌다면 요즘 인기인 유재석의 '놀면 뭐하니'처럼 부캐(부가의 캐릭터)의 삶으로 미리 창업을 준비하거나 경험해보는 것을 추천한다. 본캐(본래의 캐릭터)는 현재하는 일을 하고 부캐는 그 이후 시간을 활용하는 것이다. 기존 생활이 무너지지 않게 하면서 사이드잡으로 미리 운영해보는 것도 좋다. 나의 경우에도 회사를 마치고 마케팅 스터디를 참여하는 식으로 마케팅 지식을 쌓고 커뮤니티를 만들어 마케팅을 경험했다. 회사에 있는 동안 사업계획안을 작성한다든지, 인큐베이팅 할 수 있는 기회가 있다면 적극적으로 임해보는 것도 좋다. 내가 잘 할 수 있는지 타당성을 충분히 조사해 본 후에 창업하는 것도 늦지 않다.

육아 경험이 경력의 강점이 된다

아이가 있는 경우에는 그것을 오히려 기회로 삼아도 좋다. 아이가 있다는 것은 엄마들을 대상으로 제품과 서비스를 런칭할 때 큰 강점이 된다. 엄마로서 많은 육아 제품을 사용해보기 때문에 시장과 서비스에 대한 이해가 높다. 그래서 소비자의 필요가 있는 틈새시장도 쉽게 발견할 수가 있다.

코니바이에린이라는 회사의 사례에서 그 가능성을 발견할 수 있다. 육아맘이었던 임이랑 대표는 실제 육아를 해본 입장에서 써 본 기존의 아기 띠의 불편함과 불만족스러움을 개선하여 랩형의 코니 아기 띠를 런칭했다. 창업 3년 만에 144억 원 매출을 올리며 일본과 미국 아마존의 글로벌 육아용품 시장까지 진출했다.

저출산 시대에도 *밀레니얼 세대는 육아를 안전하고 편하게 돌보기 위해 각종 육아용품에 아낌없이 돈을 지불한다. 산업연구원에 따르면 육아용품 시장 규모는 2019년 4조 원의 시장으로 확대되었다. 보육과 교육, 가사 서비스 시장도 마찬가지이다. 일과 육아의 밸런스를 맞추는 것은 어려운 일이지만, 많은 국가적 지원들과 플랫폼들이 속속 등장하고 있다. 일상에서 느낀 어려움 속에서 기회가 있다는 것, 아이 엄마라는 것은 창업의 강점이 될 수 있다.

---

* 밀레니얼 세대: 1980년대 초~2000년대 초 사이에 출생한 세대로 이후 Z세대와 합쳐 MZ세대라 통칭하기도 함

브랜드의 열광적 지지자를 만들어라

창업 후 내 서비스와 제품을 어떻게 알릴 것인가 또한 중요한 부분이다. 마케팅 예산이 충분히 있는 경우라면 살림이스트와 같은 마케팅 회사와 일을 하면 된다. 그러나 사업 초반에는 마케팅 비용이 충분하지 않거나 직원 없이 혼자 마케팅을 해야 할 수도 있다.

마케팅에는 정답이 없다. 기존에 알려진 마케팅 전략이 있다 해도 그것은 그 제품의 성공사례일 뿐이다. 내 브랜드만의 이야기를 스스로 만들어가야 한다. 사업 초기에는 내 사업과 브랜드의 열광적 지지자를 만드는 것이 중요하다. 가까운 가족이 될 수도 있고 인스타그램의 팔로워 육아맘일 수도 있다. 비슷한 생각과 관심사를 갖는 커뮤니티에서 만날 수도 있다. 그들부터 만족시키며 진정성 있는 입소문부터 시작해야 한다. 내가 마케팅에 돈을 쓰지 않는 순간에도 사람들이 내 제품에 대해 쉬지 않고 떠들게 만들어야 한다.

'그것이 무엇일까? 어디에서 시작해볼까?'부터 생각해보는 것이 중요하다.

SNS 마케팅이 답이다

오늘날 소셜미디어인 인스타그램, 블로그, 페이스북, 유튜브 등은 그것, 입소문을 만들어내는 가장 중요한 기지임이 틀림없다. SNS는 작은 기업에도 고객과 직접 소통하고 메시지를 전달할 엄청난 기회를 준다. 이러한 영향력과 확장성은 열정적으로 이용하는 개인과 기업이 성장할 수 있는 발판을 만들어 준다. SNS를 통해 퍼스널 브랜딩을 구축해 나가면서 그곳을 중심으로 창업 아이디어를 생각해 보는 것도 좋다. 살림이스트의 사례처럼 커뮤니티를 개설해서 그곳을 기반으로 비즈니스를 테스트해 보는 것도 추천한다. 처음 커뮤니티에서의 숫자는 중요하지 않다. 당신의 브랜드에 귀 기울일 다섯 사람만 모여 있으면 당장 시작하라! 친구 같은 지지자들이 모이고 그들과 관계를 맺고 소통하다 보면 작은 커뮤니티는 어느새 크게 성장해 있을 것이다.

코로나 블루? 인생의 블루를 '기회'로 바꿔라

지금 코로나로 인해 많은 사람들이 어려움에 직면하고 있다. 바이러스로 인한 혼란과 그로 인한 세상의 빠른 변화는 우리를 불안하게 한다. 코로나 블루(우울증)라는 신조어가 생길 정도이다.

나에게도 코로나처럼 갑자기 들이닥친 삶의 위기가 있었다. 결혼 2년 만에 남편이 하던 사업이 어려움에 처하게 되어 집이 경매에 넘어가게 된 사건이었다. 그전의 사업은 돈을 버는 일보다 자아실현에 치우쳐 있었다. 예술적인 비즈니스를 하고 싶다는 생각에 특별한 수익이 없는 디자인 웹진을 1년간 혼자 밤새며 발행했다. 나는 돈을 벌기 위해 일하고 싶지 않았다. 하지만 집이 경매에 넘어가고 큰 빚이 생기게 되었고 당장 돈을 벌어야 했다. 자아실현이 아닌 생존을 위해 일한다는 것에 큰 절망감이 들었지만 배부른 투정도 부릴 여유가 없었다.

가장 높이 나는 새가 가장 멀리 본다

리처드 바크의 갈매기를 주인공으로 한 우화소설 "갈매기의 꿈"의 한 구절이다. 현실에 급급해하며 돈을 벌어야 하는 내 모습이 마치 '가장 낮게 날며 먹이를 찾아내는 갈매기'와 같다며 남편에게 불평하듯 말하곤 했다. 그러나 낮게 날며 먹이를 찾아내는 일은 인생의 큰 훈련이 되었다. 회사가 수익을 내는 구조로 빠르게 바뀌었다. '서두르지 않는다', '하려면 완벽하게 잘해야 한다', '책임을 질 수 있는 일만 한다' 등 성장을 더디게 만드는 완벽주의자의 생각이 위기를 통해 생산적으로 변했다.

[살림이스트 공식 홈페이지 http://www.salimist.com]

준비된 자에게 위기는 기회다

2021년 살림이스트는 온라인 마케팅 업무뿐만 아니라 여성 소비자를 위한 제품을 개발 중이다. 여성 건강을 위한 티 브랜드를 런칭하며 온라인 커머스를 직접 경험해 볼 예정이다. 제품의 기획, 제조, 마케팅, 판매까지 전체를 진행하는 업무이다. 또한 호서대학교 글로벌창업대학원에서 배운 것을 토대로 정부지원사업에도 지원해 볼 계획이다. 최근에는 소상공인 공단을 통해 성공 CEO로서의 마케팅 컨설팅을 완료했으며 매출을 이끌어낸 성과로 인센티브를 받는 15명의 컨설턴트로 선정되었다. 코로나로 인해 회사의 상황은 어려워졌지만 두렵지 않다.

내 안의 보물섬을 발견하자

생활의 어려움과 불편함은 창업의 기회가 될 수 있다. 아이를 키운다는 것, 경제적으로 어려운 상황이라는 것, 나이가 점점 들어간다는 것은 불안하고 두려운 일이다. 하지만 생각을 조금만 바꾸어보자.

당신은 아이를 위한 제품을 만들 수도 있다. 대학원에 입학해서 새로운 분야의 공부를 시작할 수도 있다. 경제적인 문제를 해결하기 위해 시작한 일에서 뜻밖의 재능을 발견할 수도 있다.

오늘부터 창업을 준비하라!
당신의 브랜드를 만들라!
당신만의 퍼스널 브랜드를 구축하라!

아직 발견되지 않은 보물섬이 당신이라는 것을 믿기를 바란다. 창업이라는 여정을 통해 당신 내면의 보물들을 꼭 발견하기를 바란다.

새는 투쟁하여 알에서 나온다. 알은 세계이다.
태어나려는 자는 하나의 세계를 깨뜨려야 한다.

– 헤르만 헤세, 데미안 중에서 –

당신의
제품은 누구입니까?

제품이 죽고 사는 건 한 끗 차이
컨셉은 제품의 얼굴
마침내 제품 날다

실전마케팅전문가 | 이미경 ● demi129@gmail.com

와인글라스 리델 마케팅 총괄 | 현

유한킴벌리 하기스, 크리넥스 브랜드 담당 | 전

윈저, 임페리얼, 헹켈, 스타우브, 덴비 등 글로벌 브랜드의 마케팅 매니저 | 전

논문 발표 [창업마케팅지원정책이 창업 의지에 미치는 영향에 관한 탐색적 연구(창업 효능감을 매개변수로)]

수상 [우수졸업논문상 호서대학교 총장(2020)]

호서대 벤처대학원 벤처경영학 박사 과정

호서대 글로벌창업대학원 창업컨설턴트 석사 졸업

영남대학교 경영학과 졸업

제품이 죽고 사는 건 한 끗 차이

IMF 외환위기가 시작될 무렵, 어려웠던 취업 관문을 뚫고 경영학 전공을 살려 유한킴벌리 마케팅부서에서 직장생활을 시작했다. 현재도 약 20년째 브랜드 마케팅을 담당하고 있으나 이제 50대를 바라보면서 창업을 통해 제2의 인생을 준비하려고 한다. 하지만 뭘 해야 할지, 어떤 아이템으로 어떻게 차별화해야 할지 막막하기만 한 심정은 다른 예비창업자들도 비슷할 것으로 생각한다.

그럼에도 불구하고 한 가지 확실한 건, 제품이든 서비스든 내놓기만 하면 팔릴 것이라는 섣부른 기대는 성공확률 50% 이하의 위험한 도전이라는 것이다. 다시 말해, 아이디어를 상품화하기에 앞서 소비자 인사이트(Insight)(1)를 바탕으로 한 제품 컨셉을 개발하는 것이 선행되어야 한다. 제품의 차별화된 컨셉은 다양한 경쟁 환경 속에서 버틸 힘이 되고 브랜딩이라는 열매를 맺게 한다는 것을 간과해서는 안 된다.

소비자 인사이트를 알기 위해서는 어떤 노력이 필요할까?

혼자 고민만 해서는 알 수 없다. 그러나 누구나 소비자와 사용상황을 이해하려고 노력한다면 볼 수 있는 것이기에, 오랜 기간 다양한 제품을 출시했던 마케팅 전문가로서 실제 경험했던 컨셉 개발 과정을 몇 가지 공유하고자 한다.

초보 직장생활 시절, 책에서 배우던 마케팅은 전쟁터에서 살아남기 위한 실전 마케팅과 많은 차이가 있었다. 특히 신제품 출시는 모든 것이 생소했고 도전이었다. 회사 차원에서는 막대한 투자인 만큼, '소비자는 이럴 것이다'라는 편견을 버리고 진정한 소비자 인사이트를 찾아내기 위해 다양한 리서치를 실시했다. 리서치팀이 따로 있었지만, 전체적인 신제품 개발을 주도하는 건 마케팅 팀이었기에 소비자 인사이트를 이해하는 과정부터 출시까지 모든 과정에 참여했었다.

소비자 인사이트가 무의식 속의 인식이라면 소비자 니즈(Needs)는 더 나아가 소비자가 인식하는 욕구이고, 소비자 원츠(Wants)는 니즈를 해결하기 위해 어떤 제품이 있으면 좋겠다는 구체적인 바람이다. 인식되는 욕구인 니즈만큼이나 드러나지 않고 잠재되어 있는 인사이트를 알아내어 상품화하는 것은 새로운 시장을 개발하고 선점할 가능성이 크다고 할 수 있다.

소비자 인사이트는 제품사용 실태조사인 U&A(Usage & Attitude) 테스트를 통해 확인되는 경우가 많다. 타깃 소비자가 어떤 제품을 사용하는지(What), 어떻게 사용하는지(How)에 관련된 사용 행동(Usage)을 알 수 있고, 더불어 그 제품을 왜 사용하는지(Why)와 관련된 태도(Attitude)도 추론해 볼 수 있다. 즉, 제품에 대한 소비자의 What, How, Why를 통해 소비자 인사이트를 파악할 수 있어 신제품 개발 시 기본자료로 많이 사용된다. 조사에서 얻게 된 소비자 인사이트는 컨셉 테스트를 거친 후 비로소 신제품의 기초인 시제품으로 이어지며, 이런 일련의 과정은 기존에 가지고 있던 선입견을 버리고 백지에서 고객의 마음을 이해하려는 노력에서 시작된다.

첫 번째 사례는 유한킴벌리에서의 인사이트를 통한 기능적 욕구 발견이

다.

예전 두루마리 화장지는 재생지로 만든 2겹 70m가 기본이었는데, 주부들은 때마다 화장지 걸이에 화장지를 교체해 줘야 하는 것과 2겹이 얇아서 여러 번 말아 써야 하는 것을 당연하다 생각했다. 거기에는 불편함이 드러나진 않았지만 교체 주기가 짧아 번거롭고, 길게 당겨서 말아 쓰기 귀찮아하는 인사이트가 있었다. 3겹 화장지는 두께 때문에 길이가 30m 정도만 가능했는데 이 경우 3겹이라 하더라도 짧아진 길이에서 느낄 불만족이 우려되어, 두 가지 포인트를 반영해 각각 다른 브랜드인 75m 뽀삐롱과 3겹 화장지 크리넥스 프리미엄 바스룸 티슈로 출시했다. 두 브랜드의 결과는 완전히 달랐다. 75m 화장지 뽀삐롱은 화장지 걸이에 걸릴 수 있는 최대 길이였음에도 불구하고 소비자들이 5미터의 혜택을 크게 느끼지 못해 얼마가지 못하고 사라진 반면, 3겹 화장지 크리넥스 바스룸 티슈는 현재 거의 모든 브랜드가 3겹으로 전환했을 정도로 시장의 트렌드를 바꾸었다.

하기스 프리미엄 아기 물티슈 개발 건도 유사하다. 기저귀나 아기 물티슈는 부모가 구매하지만 주 사용자는 아기이므로 양쪽의 인사이트를 모두 반영하여야 했다. 말 못 하는 아기들의 마음을 읽는 것은 관찰법을 통해서 걸음걸이나 피부 상태로 파악했다. 당시 아기 물티슈는 수분 때문에 곰팡이가 핀 제품이 유통되거나 끈적거리고 안 좋은 냄새가 나기도 해서, 엄마들은 물티슈를 사용하더라도 물로 다시 씻기거나 일반 티슈를 대신 사용하는 경우가 많았다. 또한 물티슈 사용 시 한 손으로 아기 다리를 잡고 발로 물티슈 케이스를 누르면서 다른 손으로 물티슈를 뽑아 쓰는 것이 일반적이었는데, 한꺼

번에 여러 장이 덩어리로 뽑혀 사용하기 불편했고 얇아서 여러 장 겹쳐 쓰느라 헤펐다. 이런 불편함과 불신 속에서 신제품 컨셉을 찾아 캡 형태가 아닌 뚜껑을 열고 한 장씩 덜어 쓸 수 있는 하기스 프리미엄 아기 물티슈를 출시하였다. 한 장만으로도 충분한 두께감과 국내 최초 UV 살균처리로, 2배 가까운 가격이었음에도 프리미엄 아기 물티슈 시장을 개발, 선점할 수 있었다.

두 번째 사례는 위스키 브랜드 매니저로서의 인사이트를 통한 감성적 욕구 발견이다.

국내 위스키 브랜드는 윈저, 임페리얼이 대표적인데 여자로서는 흔치 않게 2개 브랜드의 마케팅을 모두 담당했었다. 여자임에도 불구하고 BM(Brand Manager)으로 일할 수 있었던 이유는 다양한 신제품 경험을 인정받았기 때문이었다. 하지만 위스키 마케팅은 이전에 경험한 마케팅과 완전히 다른 세계였다. 주 소비자인 30대 이상 남성과 더불어 어떤 위스키를 마실지 추천하는 업소 종사자들의 인사이트도 이해해야 했기 때문이다. 밤 늦게까지 텐프로, 단란주점, 가라오케 등을 다녀야 했을 때는 난처한 경우도 많았고 정신적, 육체적으로도 힘들었다. 브랜드 매니저라고 위스키를 잘 마셔야 하는 건 아니었지만 평소 소주, 맥주 정도만 마시던 나로서는 위스키는 맛없고, 쓰고, 따갑기까지 했다. 하지만 신제품 개발은 소비자의 숨겨진 마음을 이해하는 것에서 출발하기 때문에 술을 즐기는 것과는 별개로 다양한 소비자의 이야기를 듣고 신제품 아이디어로 발전시킬만한 인사이트를 찾아내는 것이 중요했다. 팀원들에게 '나를 여자로 생각하지 마라'고 하고 서울에서 제주도까지 수십 개의 업소를 방문하여 많은 소비자를 만나 왜 마시는지, 어떤 경우에 마시는지, 누구와 마시고 평균 소비량은 얼마나 되는지 등 다양한 이야기를 들으면서 소비자를 이해할 수 있었다.

당시 나의 임무는 12년산, 17년산 위스키가 주도하던 국산 위스키 시장에 새로운 고연산 위스키 시장이 존재하는가를 확인하는 것이었다. 당시 윈저, 임페리얼은 국내에서 병입할 뿐 모든 원액은 스코틀랜드에서 수입했지만, 소비자들은 원액도 국내산인 것으로 생각하고 저평가하는 경향이 있었다. 또한, 단란주점, 가라오케에서 폭탄주로 주로 소비되다 보니 맛보다는 분위기로 마시는 경우가 많았다. 그러나 17년산을 마시는 소비자 중에는 접대나 회식이지만 '부어라 마셔라'가 아닌 상대방을 배려하고 존중하며 그 시간을 좀 더 품격 있게 즐기고 싶어 하는 소비자들도 많았다. 그런 인사이트를 담아 Hand-Crafted 컨셉(마스터 블랜더의 셀렉션+핸드메이드 패키지)의 윈저 21년과 왕을 상징하는 옥새 컨셉의 임페리얼 21년을 출시했다. 패키지는 리뉴얼되었지만 위스키 시장의 급격한 쇠퇴에도 불구하고 두 제품 모두 현재까지 판매되고 있다는 것에 나름의 자부심을 느낀다.

인사이트 발견만이 전부는 아니다

인사이트를 바탕으로 시장성이 있는 신제품이라고 생각했으나 제품과 상관없는 이슈로 상품화시키지 못했던 경우도 있었다. 접대 자리에서는 폭탄주를 짧은 시간에 많이 마셔야 하는 부담감을 느끼기 때문에 순한 위스키를 원하는 소비자층이 있었고, 조사를 통해 알아낸 적정 도수는 38도였다.

하지만 40도 이상의 위스키만 '스카치(Scotch)'로 표기할 수 있는 규정 때문에 회사 차원에서 38도 위스키 개발을 포기했었다. 확실한 인사이트였지만 회사의 결정이라 어쩔 수 없다고 생각했는데, 몇 년 후에 경쟁사에서 동일 컨셉의 저도주 위스키를 출시하여 소위 대박이 난 걸 보고 소비자 인사이트의 중요성을 다시 한번 느끼게 되었다.

또한 위스키 회사이지만 소주 브랜드를 처음 준비할 당시 겪었던 사례가 있다. 자작나무 필터 여과로 차별화했던 자작나무 소주는 시장을 제대로 파악하지 못해서 빛도 보지 못하고 출시를 포기해야 했다. 소주 시장은 위스키 시장에 비해 규모는 훨씬 크지만, 참이슬과 처음처럼의 양대 경쟁 구도라 타깃시장만 잘 선택한다면 승산이 있다고 판단했다. 특히 여성 소비자 중에는 상당수가 소주의 희석된 알코올향을 싫어한다는 것을 확인하고 깔끔한 목 넘김과 적은 알코올향에 효과적인, 자작나무 필터링을 거친 소주를 개발하게 되었다. 위스키 회사의 첫 번째 소주라서 굉장히 많은 예산을 들여 테이스팅 테스트, 컨셉 테스트 등 다양한 조사를 거쳐 제품을 준비했었다. 그러나 소주 시장은 제조사-도매업자-업장으로 이어지는 강력한 유통망이 기반이어서, 어느 시장보다도 신규브랜드의 진입이 쉽지 않다는 것을 간과했다. 일반 음식점에서 며칠간의 테스트 마케팅을 통해 맛 평가도 받고 입소문으로 제품 홍보도 하고자 했던 의도는, 양사의 압력으로 제품 입고조차 저지당하면서 소비자에게 제대로 평가받지도 못하고 1년여간의 고생을 그냥 묻어야 했다.

이처럼 다양한 이유로 제품이 성공하기도 실패하기도 한다. 하지만 안정적인 시장 정착은 소비자의 인사이트에서부터 시작되어 제품 컨셉으로 발전되고 차별화된 제품, 서비스로 완성된다. 지금 새로운 제품, 서비스를 준비하고 있다면 '내 제품은 누구인가'에 대해 한 번쯤 진지하게 고민해 보았으면 한다.

---

(1) 인사이트(Insight): 직역하면 '통찰'과 '사물을 꿰뚫어 봄' 등을 의미한다. 마케팅 측면에서는 '사람을 움직이는 숨겨진 심리'를 가리키며 자신도 인식하는 무의식적인 심리상태라고 할 수 있다. (블로그 '셀클럽 마케팅노하우/마케팅전략' 참조)

컨셉은 제품의 얼굴

소비자의 마음인 인사이트를 발견했다면 신제품 아이디어를 컨셉으로 정리해 보자.

컨셉은 제품의 얼굴이고, 그 얼굴은 소비자의 거울이라고 할 수 있다. 컨셉은 짧게는 한 단어로, 길게는 설명문 형태로 정리될 수 있는데 중요한 건 소비자의 마음속 인사이트를 반영하고 있느냐라는 것이다. 인사이트에 기초하지 않은 컨셉은 틈새시장을 공략하는 경우에 빈번히 발생하는데, 제품만을 위한 컨셉이라 공감하기 어렵다.

쎈쿡의 '즉석 발아현미밥' 사례가 그러하다. 쎈쿡은 출시 당시 흰 쌀밥이 대세인 시장에서 차별화에는 성공했으나, 대다수 소비자가 그 필요성을 느끼지 못해 매출이 좋지 않았다. 그럼 즉석밥을 먹는 소비자에게는 어떤 인사이트가 숨겨져 있을까? 즉석밥은 주로 간단하게 한 끼를 해결하고자 할 때 소비되다 보니, 잡곡밥이 몸에 좋다는 건강에 관한 관심보다는 간편성과 편리성에 니즈가 있었다. 결국 쎈쿡이 발아 현미밥 컨셉을 버리고 쌀밥 컨셉으로 바꾸자 매출이 상승했다(김근배, 끌리는 컨셉의 법칙, 중앙북스, 2014). 현재는 소비자의 입맛이 다양해지고 건강에 관한 관심이 높아지면서 쌀밥과 잡곡밥 외 취나물밥, 곤드레밥 등을 출시하여 건강 즉석밥으로 포지셔닝되고 있다.

컨셉이 단지 한 단어 또는 한 문장으로 표현되더라도, 시장성 있는 컨셉을 위해서는 체계적 컨셉도출과정을 거쳐야 한다.

보통 컨셉도출과정은 인사이트, 브랜드 에센스(Essence), 믿을 수 있는 근거(Reason to believe), 기능적-감성적 소비자 혜택(Functional & Emotional Benefit)으로 정리되고 소비자 혜택이 출발점인 인사이트와 일맥상통한 지 다시 확인한다. 즉, 브랜드 에센스를 중심으로 소비자 인사이트와 믿을 수 있는 근거(Reason to believe)를 제시하고, 그 결과 소비자가 얻게 되는 혜택을 기능적, 감성적 혜택으로 나누어서 기술한다. 그 다음 그 혜택이 소비자 니즈와 연결된다면 컨셉으로서의 차별화는 충족되었다고 할 수 있다. 여기서 믿을 수 있는 근거는 다른 제품이 아닌 이 제품을 사야 하는 차별화 포인트로 키워드에 해당한다. 하기스 매직팬티의 사례로 컨셉도출과정을 정리하면 다음과 같다.

소비자 인사이트(Consumer Insight)
아기가 걷기 시작하면 가만히 있지 않아 기저귀 교체가 힘들다. 벗기다 대변이 다리나 엉덩이 여기저기 묻는다. 한번 벗기면 다시 입히기 찝찝하다. 대소변 여부를 미리 확인할 수 있으면 좋겠다.

브랜드 에센스(Brand Essence)
아기가 편안한 입히는 기저귀

믿을 수 있는 근거(Reason to believe)

원터치 매직 테이프

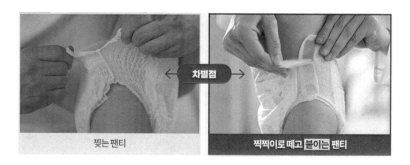

찢는 팬티   차별점   찍찍이로 떼고 **붙이는** 팬티

기능적 혜택(Functional Benefit)
서있는 상태로 힘들이지 않고 벗길 수 있다. 배 눌림없이 대소변 여부를 확인할 수 있다. 대소변을 안 본 경우 재사용이 가능하다.

감성적 혜택(Emotional Benefit)
아기가 편안해하고 행복해한다. 외출 시 스트레스가 적다. 아이를 생각하는 좋은 엄마인 거 같다.

하기스 매직팬티는 아기가 편안한 입히는 기저귀로 원터치 매직 테이프를 그 근거로 하고 있다. 이 제품을 사용할 때 느끼는 소비자 혜택은 서 있는 상태로 기저귀 교체가 가능하고 아이도 편안해한다는 것이 대표적인데 소비자의 인사이트를 반영하고 있다고 할 수 있다.

소비자 인사이트에서 소비자 혜택까지 플로어(Floor)가 그려졌다면, 그 다음으로는 테스트를 통해 타깃 소비자가 공감할 수 있는 컨셉인지 확인할 필요가 있다. 컨셉 테스트는 몇 명에게 선호되느냐 보다는 인사이트를 공감하고 그 근거가 설득력이 있는지, 왜 그렇게 생각하는지 등을 묻는 인터뷰 형식이 적합하므로 보통 정성조사(Qualitative Research)로 이루어진다. 조사기관을 통한 검증이 어렵다면 객관적으로 판단해 줄 수 있는 소수의 주위 사람들만으로도 가능하나, 인원이 적은 만큼 타깃 소비자의 프로필과 맞아야 의미 있는 결과를 얻을 수 있다.

조사 시에는 도식화된 컨셉을 쉽게 전달하기 위해 이미지가 추가된 컨셉 설명문이 필요한데, 이를 컨셉 보드(Concept Board)라고 한다. 위의 하기스 매직팬티 컨셉으로 컨셉 보드를 만든다면 다음과 같다.

하기스 매직팬티

아기가 걷기 시작하면 기저귀 교체가 쉽지 않고
대소변 여부를 확인하기도 어렵습니다.

하기스 매직팬티는 아기가 편안한 입히는 기저귀입니다.
기저귀 양쪽의 원터치 매직 테이프는 피부자극 없는
찍찍이 타입 테이프로 아이의 대소변 상태를 쉽게 확인할
수 있고 여러 번 뗐다 붙일 수 있습니다.
하기스 매직팬티를 입히면 아기가 서 있어도 기저귀 상태
를 쉽게 확인하고 벗길 수 있어 편리하고 외출 시에도
걱정이 줄어듭니다.
소중한 우리 아기를 위한 선택, 하기스 매직팬티.
아기가 편안해지면 엄마도 행복해 집니다.

컨셉 보드는 **'소비자 인사이트'** - **'차별화 포인트 및 소비자 혜택'** - **'슬로건 또는 최종적인 감성적 혜택'** 순으로 정리할 수 있다. 컨셉 보드의 내용은 향후 소비자 커뮤니케이션의 기초가 되어야 하므로 문장 하나하나에 대해 어떻게 느껴지는지, 그렇게 느끼는 이유가 뭔지 물어보고 수정, 보완하는 것이 중요하다.

컨셉은 제품의 얼굴과 같다

요약하면, 컨셉은 사람의 스타일과 성격을 짐작하게 하는 얼굴과 같아서 한 단어만으로도 제품의 특장점이 연상될 수 있어야 한다. 그것이 가능할 때

제품 구매 검토 시 옵션 중의 하나로 소비자의 고려상품군(Consideration Set)에 들어갈 수 있다. 하기스 매직팬티의 컨셉은 '원터치 매직테이프로 아기가 편안한, 입히는 기저귀'라 할 수 있다. 심플하게 '원터치 매직테이프 기저귀'라고 들었을 때 무엇이 연상되는가? 아마도 뭔가 간편하고 특별한 테이프가 붙어있는 기저귀가 연상될 테고 그것은 더 편안해하고, 더 행복해하는 아가와 엄마로 연결된다.

이같이 컨셉은 내 제품을 한마디로 표현할 수 있는 대중적이면서도 차별화된 강점이므로 소비자 인사이트에서 출발해야 한다. 이 점을 염두에 둔다면 어떤 제품이든 자신만의 셀링 포인트(Selling Point, 판매시점에 강조해야 할 제품의 특장점)를 찾을 수 있을 것이다.

마침내 제품 날다

기업은 목표 달성을 위해 제품(Product), 가격(Price), 촉진(Promo-tion), 유통(Place) 4가지 요소(4P)를 믹스하여 마케팅 전략을 실행한다. 이를 마케팅 믹스(Marketing Mix)(1)라고 하고 이전 챕터에서 살펴보았던 인사이트와 컨셉 개발은 제품 전략에 해당한다. 보통 제품 전략은 유통, 가격, 촉진 전략보다 선행되어 이루어지는 만큼, 첫 단추를 잘 채워야 추후 발생할 수 있는 시간적, 물질적 손해를 줄일 수 있다.

이제 새로운 컨셉의 제품을 시장에서 어떻게 판매해야 할지 나머지 3P 측면에서 간단히 살펴보자.

첫째, 가격은 기업의 수익과 직결되는 부분으로 타깃 시장과 차별화 포인트를 고려하여 책정되어야 한다.

프리미엄을 지향하는 제품이라면 고가 전략으로, 일반 대중을 타깃으로 하는 제품이라면 단위당 수익보다는 규모의 경제로 저가 전략, 즉 시장침투 가격으로 설정하는 것이 일반적이다. 이때 저가 전략은 유통이 확대되고 시장점유율을 올릴 수는 있으나 자칫 저급상품으로 이미지가 형성될 수 있으니 주의해야 한다.

둘째, 촉진은 고객과의 커뮤니케이션이므로 소비자와 어떤 관계를 형성할 것인가에 중점을 두어야 한다.

광고, 홍보, 판매촉진, 인적 판매 등의 방법으로 컨셉을 고객에게 전달하고 포지셔닝시키는 일련의 활동이다. 광고는 차별화 포인트에 따라 TV, 라디오, 잡지, 온라인 광고 중 적합한 매체를 선택하고 톤 앤 매너(Tone&Manner, 분위기나 표현법)를 조절할 수 있다.

홍보는 광고보다는 우회적이나 제품에 대한 신뢰도를 더 높일 수 있어 많은 기업이 광고와 병행하여 사용하는 경우가 많다. 대표적인 방법인 사회환원사업(CSR, Corporate Social Responsibility)은 주로 자선, 기부, 환경보호 등 사회공헌 활동으로 이루어진다. 유한킴벌리가 '우리 강산 푸르게 푸르게'라는 캠페인으로 수십 년 동안 나무 심기를 이어가는 것이나 주류회사에서 벌이는 음주운전방지 캠페인 등이 대표적이다. 그러나 가장 다양하게 대중적으로 활용되고 있는 홍보 수단은 SNS(Social Network Service)이다. 인스타그램, 페이스북, 트위터, 블로그 등이 해당하고, 광고보다 비용은 저렴하면서 고객과 직접적으로 커뮤니케이션 할 수 있어 여러 브랜드를 가지고 있는 기업의 경우 브랜드별 계정을 운영하는 것이 일반적이다.

판매촉진은 흔히 가격할인행사라고 생각하는데 프리미엄 제품은 빈번한 가격할인행사보다는 가격을 지키면서 판매촉진을 유도하기 위해 사은품 증정(Give-away), 구매량에 따른 할인(Volume Discount), 포인트 지급(Mileage Point), 쿠폰, 바우처(Voucher) 등을 사용한다. 이는 가격할인 브랜드라는 인식은 줄이면서 판매시점에서 매출을 직접적으로 증대시킬 방법이기 때문이다.

마지막으로 유통은 최근 온라인, 홈쇼핑 등이 급성장하면서 채널 간 차별화가 희석되었다.

명품을 백화점에 가야지만 살 수 있었던 시대는 가고 온라인 판매가 기본이 되었다. 하지만 여전히 많은 브랜드가 이미지 빌딩(Image Building, 원하는 브랜드 이미지를 만들어 가는 것)을 위해 오프라인 매장을 운영하는 것을 유통전략 중의 하나로 사용하고 있고, 같은 브랜드라도 채널의 특성에 맞게 상품을 다르게 구성, 운영하여 채널간 차별화를 유지하기도 한다.

마케팅 4P 믹스는 제품의 컨셉을 기본으로 일관성을 유지해야 한다.

지금까지 언급한 내용을 요약해서 다시 말하자면 제품, 가격, 촉진, 유통의 마케팅 4P 믹스는 기본적으로 제품의 컨셉을 바탕으로 일관성을 유지하면서 실행되어야 한다는 것이다. 예를 들어 프리미엄 제품을 지향하면서 가격할인행사를 자주 한다던가 가격소구적인 온라인몰에 입점하는 것은 일관성이 있다고 볼 수 없다. 또한, 광고, 홍보 메시지와 판매사원의 셀링 포인트가 다르거나 우수한 성능을 컨셉으로 하면서 가격은 경쟁사 대비 낮게 책정하는 것도 일관성 있는 전략이 아니다. 여러 매체와 채널을 통해 들어온 정보가 제품의 컨셉을 중심으로 일관성 있고 서로 유기적으로 연결된다고 느껴질 때, 그 제품은 강력한 자신만의 이미지를 형성할 수 있고 비로소 제품의 가치가 정해진다.

기업의 예를 들어 설명하긴 했지만 예비창업자도 크든 작든 4P를 모두 고려해야 한다는 점에서는 동일하다. 처음 시장에 선보인 제품은 갓 태어난 아기와 같아서 애정을 담아 키우다 보면 부모의 마음처럼 제품이 건강하게 롱런하기를 바라게 된다. 제품이 잘 커서 마침내 날기 위해서는 제품의 퀄리티는 일정한지, 시장에서 어떻게 인식되고 있는지, 소비자 반응은 어떠한지, 어디에 어떻게 진열되어 있는지 등 챙겨야 할 것도, 살펴야 할 것도 많다. 재고 수급, 품질 관리 등 내부적인 관리 포인트 외에 경쟁사 및 경쟁브랜드, 신규브랜드 소식에 항상 귀 기울여야 하고, 평소 소비자 피드백, 댓글, 트렌드에도 민감할 필요가 있다. 매장방문이나 업계 사람들로부터 정보를 얻을 수도 있지만, 온라인뉴스, 블로그, 인스타그램, 페이스북 등을 통해 훨씬 쉽고 다양한 정보를 접할 수 있으므로 평소 자주 업데이트하도록 하자.

예를 들어 최근 코로나19로 인해 나타난 '건강, 집콕, 비대면'이라는 트렌드에서도 소비자들의 새로운 인사이트를 발견할 수 있다. 재택근무, 비대면 회의로 인해 자주 화상회의에 참여하면서 스크린 속 자신의 모습을 오랫동안 바라보게 되었다. 이는 건강과 외모를 우선시하는 경향으로 이어져 운동 플랫폼과 원격 개인 트레이닝에 대한 수요도 함께 증가했다고 한다. (Adweek, 2021년1월) 그리고 언제 어디서나 모바일로 판매를 할 수 있고 실시간 커뮤니케이션이 가능한 라이브커머스(Live Commerce, 줄여서 '라방')와 집에서 일과 휴식, 여가를 즐기는 홈코노미(Home+Economy)의 시장도 급부상하고 있다. 포장 음식, 밀키트(Meal-kit, 가정간편식), 홈퍼니싱(Home-furnishing, 집 꾸미기), 홈트(Home-training) 등도 그러하다. 여기서 더 나아가 밀키트는 가정 간편식에서 유명 맛집 메뉴를 개발한 레스토랑 간편식으로 진화하고 있고, 홈퍼니싱은 부담 없는 금액으로 집의 가치를 높이고 싶어 하는 심리를 반영하여 미술 작가의 그림을 대여해 주거나 온라인 판매하는 서비스까지 가능해졌다. 홈트도 운동기구, 운동 플랫폼에서 진화하여 나이키 등 의류브랜드에서도 모바일 앱을 통해 맞춤형 운동을 제안해 주고 관련 제품을 추천, 판매하고 있다.

우리 모두가 알다시피 제품을 성공시키는 것은 나만 잘한다고 되는 것은 절대 아니다. 경쟁상황, 타이밍 등 외적 환경까지 맞아떨어져야 성과를 거둘 수 있는 것은 사실이다. 그러나 내가 할 수 있는 것으로 소비자 인사이트 발견, 컨셉 개발과 더불어 일관성 있는 커뮤니케이션, 애프터 서비스, 시장과 소비자 트렌드 파악의 중요함을 잊지 말고 꾸준히 실천해 보자. 이 두 가지가 충족될 때 기업은 수익창출이 가능해지고 나아가 비지니스 포트폴리오(Portfolio)(2) 확대 기회를 가지면서 안정적 성장을 기대해 볼 수 있을 것이다.

좀 더디더라도 소비자 인사이트가 반영된 컨셉 개발의 중요성을 다시 한 번 강조하며, 마지막으로 20여 년간의 마케팅 실전 경험을 바탕으로 성공적인 창업을 위한 몇 가지 팁을 제시하고자 한다.

소비자의 목소리에 귀 기울여라.
소비자 인사이트를 소홀히 하지 마라.
작게나마 나만의 컨셉 개발을 실천하라.
시장에서 안테나를 내리지 마라.

(1) 마케팅 믹스(Marketing Mix): 미국 미시간 주립 대학의 교수인 E. 제롬 맥카시 교수가 1960년 처음 소개한 용어로 회사가 그들의 타깃 고객층을 만족시키기 위해서 제품(Product), 가격(Price), 장소(Place), 촉진(Promotion)으로, 크게 4가지로 나뉘는 마케팅 전략을 적절하게 섞어서 사용한다고 주장하였다. (Basic Marketing, 1960) -위키백과

(2) 포트폴리오(Portfolio): 주식투자에서 위험을 줄이고 투자수익을 극대화하기 위한 일환으로 여러 종목에 분산 투자하는 방법으로 원래는 '서류가방' 또는 '자료수집철'을 뜻하지만, 일반적으로는 주식 투자에서 여러 종목에 분산 투자함으로써 한 곳에 투자할 경우 생길 수 있는 위험을 피하고 투자수익을 극대화하기 위한 방법으로 이용되며 비즈니스에서도 위험을 피하기 위한 분산 투자의 의미로 사용된다. (네이버 지식백과 인용)

은퇴 후
다시 시작할 때,
실패하지 않고
성공하는
3단계 전략

다시 시작할 때 필요한 것
하루 3시간, 꿈에 투자하다
경험이 창업 밑천이 되다

리커리어메신저 | 한현정 ● contact@mommyking.co.kr

리커리어스쿨 마미킹 대표 | 현

사람들(경력단절, 은퇴자)의 가치(경험과 지식)를 발견, 특별한(Unique) 콘텐츠로 디자인하여
제2의 경력을 준비하는 사람들의 성공을 돕는 '리커리어메신저(RE-Career Massenger)'

전문 강의 분야: 1인 미디어 / 유튜브, SNS 온라인 마케팅, 온라인 쇼핑몰

(스마트스토어, 자사 몰), 제2 경력 진로 컨설팅

교육대상 : 경력단절 여성, 은퇴 후 예비창업자, 소상공인

마미킹 리커리어북스에서 엄마작가 및 호서 브랜딩 출판까지 34명 작가 배출

마미킹 리커리어스쿨에서 라이브커머스 농산물큐레이터 양성반 (입문, 심화, 전문가) 운영 중

네이버 밴드 책아이책엄마를 운영하며 온라인에 만여 명의 엄마회원들과 소통

SK(주) 오케이캐쉬백 인터넷 사업개발팀 Project Manager Chief Web Designer | 전

호서대 벤처대학원 벤처경영학 박사 과정

호서대 글로벌창업대학원 창업컨설턴트 석사 졸업

다시 시작할 때
필요한 것

스펙 한 줄 안 되는 엄마 데뷔

2005년 9월 15일 오전 11시 14분 천지가 개벽하고 나는 새로 태어났다. 엄밀히 말하면 엄마가 된 거다. 깊은 잠에서 깨자마자, 기다렸다는 듯 밀려오는 통증과 회복실의 소름 돋는 냉기가 온몸을 휘감았다.

집안 여자 중에는 순산하지 않은 사람이 없었기에 마지막 한 달은 출산 준비를 위한 시간으로 여유 있게 남겨놓았건만, 그날 새벽 느닷없이 양수가 터지는 바람에 전혀 상상할 수 없는 세상이 내 앞에 펼쳐지고 말았다. 배꼽 아래 절개의 흔적을 알리는 커다란 테이프와 제왕절개 산모에게만 수여되는 끔찍한 소변줄은 참기 힘든 훗배앓이와 함께 엄마가 되는 길이 만만치 않음을 알리는 서막 같았다.

"아이고 말도 마요. 나는 첫째 때 갈치 조림하려고 도마 위에 갈치 올려놓고 비늘 벗기다 끌려왔다니까요."

"어머, 정말요? 저는 많이 움직여야 애를 쉽게 낳는다고 해서 손걸레로 바닥 닦다 엄마 됐어요. 호호호"

산후조리원에 모인 산모들이 어떻게 엄마가 됐는지 에피소드를 듣다 보면 하나같이 어이없고 기막힌 사연들로 가득하다. 나 역시 예상보다 한 달 앞선 출산으로 당황스러운 터였지만, 아무리 예정보다 빨리 엄마가 됐기로서니, 모든 상황이 이렇게 낯설고 힘들 수 있을까?

한번 누우면 업어가도 모르게 자던 나도 신기할 만큼 아이의 작은 뒤척임에도 바로 반응하는 엄마로 조금씩 적응해 갔다. 하지만 한밤중에도 2시간에 한 번씩 젖을 물리며 잠을 제대로 잘 수 없는 날이 계속 이어지니 몸은 점점 만신창이가 되어갔다. 에너지는 바닥나고, 머릿속에는 미처 마무리 못 한 일들과 지금까지 고민하며 준비하던 계획들을 하루아침에 사망신고를 해야 할 수도 있다는 생각이 들자 조급함과 불안이 밀려왔다.

"잠깐은 몰라도 애는 못 키워 준다."

하긴 아이를 낳기 전, 비즈니스 창업에 대한 로망으로 용감무쌍하게 회사를 그만둔 이후로, 일 년여 간이나 이렇다 할 성과를 못 내고 있었으니 양가에 무조건 들이댈 명분도 없었다. 나의 독박육아는 이렇게 자의 반 타의 반으로 시작되었다.

독박육아는 생각한 것보다 더 고되고 힘들었다. 나중에 안 사실이지만 남자들도 산후 우울을 겪는다고 한다. 남편은 외벌이로 책임감이 더해진 데다 피곤함에 찌든 늦은 귀가 후에도 육아를 돕느라 계속 지쳐만 갔다. 아이가 태어난 후 더 행복해져야 할 우리 집은 피곤에 절은 두 사람의 날 선 예민함으로 긴장감이 돌고 싸움도 늘어갔다. 감정이 바닥을 치면 그나마 남아 있던 힘도 사라져 손이 많이 가는 아기와 보내는 하루가 암담하게 느껴지기도 했다. 때로는 내 안에 아직 덜 큰 어린아이가 자기도 보살펴 달라고 아우성쳤다. 끝이 보이지 않는 육아의 긴 터널, 한 번도 해보지 않았던 독박육아, 누구와도 소통하지 못하는 고립과 단절은 나를 점점 더 우울하게 만들었다.

"쾅!"

아파트 현관문이 육중한 소리를 내며 닫히면 나와 아이는 철저한 고립의 시간으로 들어갔다. 그렇게 큰아이 육아는 내 안의 소음과 함께 싸워야 하는 시간이었다.

얼마 전 82년생 김지영이 영화로 개봉되었다. 모 광고를 통해 "엄마라는 경력은 왜 스펙 한 줄 되지 않는 걸까"라는 카피가 사회에 화두로 던져지며 눌러왔던 엄마들의 감정이 수면 위로 떠오르기 시작했다. 이제까지는 모성애가 자연스럽게 만들어지는 건 줄 만 알았는데, 학습과 훈련이 필요하다는 것을 서서히 알게 되었다. 그 사실을 깨닫기까지 스스로 내린 자괴감의 무게는 나를 짓누를 만큼 충분히 무거웠다. 조바심과 두려움이 마음을 억누를 때는 아이를 제대로 바라볼 수 없었다.

자아의 신화

지루할 정도로 반복되는 아기와 보내는 일상은 일부러 꾸밀 필요도 여유도 허락하지 않았다. 유쾌한 척, 쿨한 척, 잘하는 척 이른바 '척'을 할 필요가 없어진 것이다. 그 동안 직장이나 사회에서는 좋은 사람으로 보이고 좋은 관계를 유지하기 위해 요구되는 대로 해야만 했었다. 그러느라 정말 내가 좋아하는 것이 무엇이고 원하는 것이 무엇인지 내 마음의 소리를 진지하게 들어볼 여유가 없었다.

그런데 십여 년이 넘는 직장생활을 하다 서른 중반의 나이에 육아 때문에 하던 일에 느닷없이 쉼표를 찍어야 하는 단절의 상황과 마주하니, 비로소 마음이 얘기하는 솔직한 생각과 만날 수 있게 된 것이다. 막상 어떻게 해야 할지 막막하고 정확하게 그것이 무엇인지 손에 잡히지 않았다. 보란 듯이 빨리 결과를 보여주고 싶은 조바심에 시도했던 일들은 오히려 좌절과 우울감을 가져왔다. 마음은 지금이라도 네가 하고 싶은 걸 찾아보라고 계속 말을 걸었다. 하지만 잠시라도 눈을 떼면 아무것도 할 수 없는 아기를 보고 있노라면 어찌할 바를 알 수 없었다.

'맞아. 지금 네가 꿈을 꾸는 건 욕심이야, 아직 말도 못 하는 아기를 두고 네 욕심만 차리는 건 나쁜 거야. 봐, 다들 지금은 엄마로 살라고 하잖아. 지금은 그게 가장 중요하다고 하지 않니? 넌 지금 중요한 일을 하는 거야. 그러니 슬퍼하지 마. 이제 너를 위한 시간은 끝났어. 넌 이제 누군가를 위해 그동안 네가 받았던 것들을 내어 줄 시간이 된 거야. 할 수 없어. 하면 안 돼. 그러니 아무것도 생각하지 말자.'

혼잣말로 다짐하고 또 다짐했지만, 마음은 자꾸 아니라고 얘기하는 것 같았다. 마음이 하는 소리를 거부할수록 나는 하루하루 시들어만 갔다.

독박육아로 외부와 단절되는 경험을 하고 보니 사람들과의 소통과 연결이 얼마나 소중한지 간절하게 느껴졌다. 심지어 가끔 찾아오는 택배기사님도 반가워서 몇 마디 더 붙이고 싶을 정도였으니 말이다. 바쁠 때는 몰랐던 것, 넘칠 때는 거들떠보지 않았던 것들의 소중함이 새롭게 다가왔다.

2002년이 한일 월드컵으로 대한민국 축구 역사에 한 획을 그은 해라면, 나에겐 SK 오케이캐시백 사이트 리뉴얼 PM(Project Manager)을 하면서 열정을 쏟아냈던 기억이 유독 생생하게 남는 해이다. 내가 맡은 역할은 내부 디자인팀과 웹 에이전시 아웃 소싱 팀을 조율하고 다른 파트와 협업하여 최고의 디자인 결과물을 끌어내는 것이었다. 그때 나는 혼자서 일하는 것보다 사람들과 함께 어우러져 일할 때 더 큰 에너지가 나는 사람이란 것을 알게 됐다. 그 기억은 내내 나의 꿈의 정체성에도 영향을 주었다.

"자아의 신화, 그것은 자네가 항상 이루기를 소망해오던 바로 그것 일세."

파울로 코엘료 장편소설 연금술사 중에서 살렘의 왕이 양치기 산티아고에게 한 말이다. 어쩌면 그때가 자아의 신화를 이룰 수 있게 된 중요한 시간이었는지 모른다.

가슴이 뛰었다. 동시에 불안하기도 했다. 그간 나를 스쳐 간 의미 없는 여러 번의 신호 중 하나일지도 모른다는 생각이 엄습했기 때문이었다. 상황이 달라진 건 하나도 없었다.

'그래, 지금 내게 필요한 건 거창한 무엇이 아니라 다시 시작하는 작은 용기야. 돈 안 들고, 실패해도 티 안 나는 그런 일을 하면 부담 없이 시작할 수 있을 거야. 온라인은 웹디자이너였던 내게 익숙한 환경이니 여기다 집을 지어보자. 나랑 비슷한 고민을 하는 사람들을 연결하는 커뮤니티를 만들어 보는 건 어떨까?'

이런 생각에 미치자 입학을 기다리는 신입생처럼 가슴이 다시 뜨거워지는 것을 느꼈다. 당시 네이버에 모바일기반 커뮤니티가 시작되고 있었기 때문에 나의 첫 커뮤니티는 그곳 밴드(band)로 결정했다. 날이 새는 줄도 모르고 색을 입히고 이름을 정하면서 앞으로 사람들에게 불릴 닉네임은 커뮤니티 이름의 첫 글자와 마지막 글자를 딴 '책마'라고 정했다.

지금 마미킹의 디딤돌이 되어준 5,000명 엄마 커뮤니티 '책아이책엄마'가 만들어지는 순간이었다.

하루 3시간, 꿈에 투자하다

차이

결혼 후 육아로 경력이 단절된 전업맘 두 명이 있었다. 이 둘은 공통점이 많았다. 나이가 같아 대학을 졸업하고 비슷한 시기에 전문 직종에 취업했고, 직장생활을 하다 결혼을 해 자녀 연령도 비슷했다. 둘 모두 결혼 전부터 자기 계발에 관심이 많아 관련 교육이나 자기 계발 서적을 찾아 열심히 공부했다. 게다가 둘 다 활동적인 성향으로 취미동호회나 스터디 모임에도 적극적으로 참여하며 의욕적인 사회생활을 했다. 그래서 직장에서도 인정을 받았고, 승진도 할 수 있었다.

10년 전과 비슷하게 두 사람에게는 지금도 공통점이 많다. 둘 다 결혼한 지 10년이 되었고, 출산 이후에는 자녀 육아로 회사를 그만둔 뒤 지금은 전업맘이 되었다. 남편의 월급만으로 생활하지만, 넉넉하지 않아도 큰 불편 없이 살 만한 경제적인 여건도 비슷했다. 그 둘은 결혼 전 만큼은 아니더라도 자기 계발을 위한 비용을 생활비에서 어느 정도 떼어 투자하고 있었다. 또, 육아에 소홀하지 않으면서도, 다시 일하고 싶은 생각이 커서 재취업이나 창업에 관한 정보를 구글로 꾸준히 수집하고 있었다.

하지만 다른 점도 있었다. 한 사람은 재취업이나 창업 정보를 수집한 후 자격증에도 도전하고 급여나 조건이 맞는 아르바이트가 나오면 가끔 프리랜서로 일을 했다. 하지만 일은 단발적이었고, 지속적으로 연결되지 않았다. 그러다 보니 시간이 지나도 경력으로 쌓이지 않을 뿐 아니라 수입도 안정적이지 못했다.

한편, 다른 한 사람은 사회현상이나 트렌드에 관심을 놓지 않으면서도 자신만의 브랜드를 구축하는데 가장 많은 시간과 노력을 기울였다. 그 결과 최종적으로는 안정적인 비즈니스를 구현해낼 수 있었다.

한 명은 늘 안정적이지 않은 일로 조바심을 냈고, 더 나은 일자리가 없는지 계속 새로운 것을 찾아야만 했다. 그런 상태가 지난 10년 동안 계속 이어지고 있어 심신이 모두 지쳐 있었다. 하지만 다른 한 명은 끈기 있게 자기 브랜드를 구축한 뒤 이제는 불러주는 강의 의뢰와 컨설팅만으로도 일주일이 모자랄 정도가 되었다. 그리고 시간을 주도적으로 활용할 수 있게 되면서 일과 육아, 경제적 자립의 꿈을 균형 있게 이루어 나가고 있다.

어째서 이런 차이가 생겼을까? 무엇이 이런 차이를 만들었을까? 그것은 노력의 양이나 능력의 차이가 아니다. 한쪽의 정보가 다른 한쪽이 찾은 정보보다 탁월해서도 아니다. 다른 골에 도달한 것은 일을 찾는 방법이 아니라 소중한 것이 빠져있었기 때문이었다. 그 차이는 무엇일까?

누군가의 성공을 보면 부러움과 동시에 뭔가 지름길이 있으리라 생각한다. 하지만 그것은 오해다. 그렇다면 성공하는 사람들과 그렇지 않은 사람은 무엇이 다를까?

"꿈이 준비되면 기회가 나타난다."

이지성 작가의 '꿈꾸는 다락방'에 나온 한 구절이다. 이 말은 내가 지금까지 좌우명으로 삼고 있을 만큼 좋아하는 말이다. 기회는 준비된 사람에게 온다는 명언은 너무나 잘 알지만, 그것이 꿈에 대한 준비라고 생각하는 사람은 많지 않다. 비슷한 여건의 두 사람이 다른 골에 도달하게 된 것은 바로 꿈의 차이 때문이었다.

생애 손실 6.3억 원

학부모로 만난 정우 엄마는 학창 시절 줄곧 상위권 성적을 유지했다.

"대학은 적성에도 안 맞는 역사학과를 갔어요. 졸업하고 나서는 전공과는 전혀 다른 스튜어디스가 됐죠. 동료들 중에는 결혼한 후에도 지금까지 계속 회사에 남아 교수가 된 사람도 한 명 있어요. 그렇지만 대부분은 그냥 저처럼 전업맘으로 살죠. 꿈은 생각 안 한 지 너무 오래돼서 기억도 잘 안 나요. 지금은 무엇을 다시 시작한다는 것이 겁도 나고 용기도 없어요."

정우 엄마의 이야기는 비단 한 사람의 특별한 이야기가 아니다.

LG 경제연구원 조사에 따르면 우리나라 대졸 여성 중 경력단절로 인한 생애 손실이 한 명당 6.3억 원에 달한다고 한다. 이는 학력이 높을수록 심각하게 나타난다. 과거에는 전문직에 종사했다 하더라도 복귀는 경력이나 학력과 무관한 단순 노무, 판매직 일자리가 대부분인 것이 현실이다 보니, 이에 실망한 고학력 경력단절여성의 경우 아예 구직을 포기하고 노동시장에서 퇴장하게 된다는 것이다. 이런 현실에서 과연 꿈이 무슨 도움이 될까?

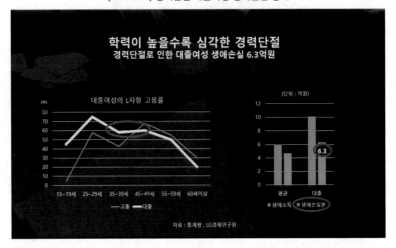

꿈을 찾는 질문 3가지

꿈은 간절하고 구체적일 때 비로소 당신을 이끌어 줄 지도가 될 수 있다.

2015년 4월, 가슴 뛰는 설렘으로 날 새는 줄 모르고 책아이책엄마를 만들던 그때, 나는 스스로 다음과 같은 세 가지 질문을 던졌다.

첫 번째, 내가 진정으로 원하는 삶은 어떤 삶인가?
두 번째, 그렇게 할 때 나는 행복하다고 느끼는가?
세 번째, 이것을 위해 내가 지금 당장 시작할 수 있는 일은 무엇인가?

이 질문은 주체적인 존재로 나를 탐색하는 데 도움이 되었다. 인생의 큰 쉼표 앞에서 두 번째 나의 진로는 목적이 이끄는, 일종의 소명과도 같은 꿈이 되었는데, 이는 나와 비슷한 환경과 공감대를 가진 엄마 커뮤니티, 책아이책 엄마를 운영하면서 더욱 간절해졌다. 미약하나마 나의 경험과 작은 용기를 통해 출산과 육아로 경력단절이 된 나와 같은 엄마들이 건강하게 꿈을 찾아 갈 수 있도록 돕는 일을 하고 싶었다. 그 꿈은 내 안에서 무럭무럭 성장해서 2017년부터는 마미킹이라는 브랜드로 구체화되었다.

시간 사용규칙

누구나 인생에 쉼표를 찍는 순간이 온다. 나에겐 출산과 육아가 그랬다. 그동안 잘 짜인 조직 생활에 익숙해져 있었기 때문에 갑자기 규칙이 사라진 하루는 기저귀 갈기, 젖먹이기 등 급한 일을 정신없이 처리하다 어떻게 지나 가는 줄 모르게 휙 지나가 버렸다. 아이의 리듬에 맞춰 생활하느라 나를 위해 무엇을 계획하기란 쉽지 않았다. 집중을 해야 하고, 긴 시간을 필요로 하는 일은 불가능 했다. 그때 나를 위해 할 수 있었던 일은 가까운 곳에 노트와 펜 을 두고 생각이 떠오를 때마다 아이디어를 적어 놓는 일 정도였다. 그때 적어 놓은 아이디어 중에 지금도 생각나는 것은 동생 출산으로 큰아이 돌봄이 여 의치 않은 가정과 실버 세대를 연결한 등하교 헬프 서비스다. 당시 둘째 출산 으로 외출이 쉽지 않았을 때, 큰아이의 유치원 하교 시간에 직접 픽업을 가야 만 했던 어려움이 반영되었던 아이디어였다. 실제로 시간 여유가 있는 교회 권사님에게 이 제안을 했고, 아침 등교 준비와 하교 픽업을 맡길 수 있었다.

어린이집에 갈 수 있는 5세 정도가 될 무렵부터는 짧지만, 일정한 오전 시간이 남기 시작했다. 아이가 어린이집에서 보내는 시간은 오전 10시에서

2시까지였기 때문에 내게는 4시간의 자유시간이 생겼다. 아이가 차츰 기관에 적응하기 시작하자 혼자 보내는 시간에 대한 사용규칙이 필요했다. 꿈을 구체화하는데 필요한 규칙은 크게 두 가지였다.

첫째, 꿈을 찾기 위한 나만의 루틴 만들기

경력단절, 이른바 하던 일에서 은퇴를 하고 보니, 시간 활용이 제일 어려웠다. 아이가 기관에 갈 정도의 나이가 되면 대게 엄마들은 다시 일을 찾거나 아니면 동남아(동네에 남은 아줌마)부대에 편입하게 된다. 앞서 언급했듯이 우리나라 경력단절여성의 노동시장 복귀 현실이 녹록지 않음을 증명하듯, 몇몇을 제외한 대부분의 엄마는 여러 가지 맞지 않는 조건 때문에 스스로 동남아를 선택한다.

아이가 기관에 가 있는 시간은 길어야 4시간이고 픽업하는 시간을 빼면 3시간 남짓 정도밖에 되지 않았다. 처음엔 성과 없이 보내는 날들도 많았다. 그런 날은 마음이 조급해지고 죄책감마저 밀려왔다. 시간이 오래 걸리더라도 마음이 가리키는 나만의 진정한 꿈을 찾아보고 싶었다.

'그래, 이 시간을 내 꿈을 찾는 시간으로 활용해 보자.'

드디어 꿈을 찾기 위한 시간과 장소가 정해졌다.

월~금 오전 10시에서 1시 30분, 장소는 우리 집 부엌 식탁.

둘째, 서로의 꿈을 돕는 사람들, 공동체 만들기

책아이책엄마는 5세에서 미취학 아동을 자녀로 둔 3040 엄마들이 주

회원이었다. 엄마들은 하루 동안 아이와 나눈 그림책과 독후활동을 사진으로 찍어 밴드에 공유했다. 커뮤니티 게시판에 올라온 칭찬과 격려의 댓글들은 나를 비롯한 엄마들에게 잊고 있던 성취감과 공동체로서의 유대감을 느끼게 해주었다.

우리 아이 책 읽는 모습 찍어 올리기처럼 소소한 이벤트부터 짧은 시간에 수백 명의 참가자를 동원했던 전국단위의 어린이날 온라인 독서대회까지, 다양한 이벤트와 프로그램을 기획하고 세미나를 개최하면서 입소문을 타고 회원이 차츰 늘기 시작했다.

어느새 혼자 하던 육아는 함께 하는 공동육아가 되었다. 온라인으로 만나던 회원들을 오프라인에서 만나면 오랜 지인처럼 반가웠고 차츰 친구이자 동료가 되어갔다. 혼자 꿈꾸던 시간은 아이와 엄마의 동반성장을 모토로, 나중에 책아이책엄마에서 엄마 성장 시간, '십시일반 클래스'로 만들어져 운영되었다.

십시일반 클래스는 두 가지 의미를 담고 있는데, 첫째는 '10시에서 1시 30분'이라는 시간의 음가를 상징적으로 연결하고, 둘째 여러 사람의 작은 힘이 모이면 꿈을 이룰 수 있다는 마음을 담아 만들어졌다.

아이 책 읽기 정보를 나누기 위해 만났던 엄마들은 차츰 자신을 돌아보게 되었고, 엄마로 살면서 미뤄두었던 꿈을 다시 꾸라고 도닥이는 서로의 든든한 지지자가 되었다. 아이가 성장하면서 엄마도 함께 성장하자고 용기 있게 얘기하는 엄마들의 공동체 안에서 내 꿈도 조금씩 건강하게 성장해 갔다.

경험이
창업 밑천이 되다

/

당신의 경험이 돈이 되는 순간이 온다

"여보세요. 한 대표? 내가 책을 읽다가 당신이 떠올라서 전화했어요. 그동안 마미킹 비즈니스에 대해 솔직히 이해가 잘 안 되는 부분이 있었는데, 이 책을 읽으니 당신이 이런 일을 하고 있는 것 같더군요. 도움이 될 것 같아 내가 선물로 보내줄 테니, 어서 주소 불러봐요."

어느 날 정부 지원 사업에 도전하며 같은 기수로 친분을 쌓은 스타트업 대표로부터 마미킹이 무슨 일을 하려는지 이해하게 된 책이 있다는 기분 좋은 전화가 걸려왔다. 궁금하기도 하고 고맙기도 했던 그 책은 브랜든 버처드의 "백만장자 메신저"였다. 책을 보자마자 책 표지의 헤드 카피가 흥미롭게 다가왔다.

'당신의 경험이 돈이 되는 순간이 온다.'

경험이 돈이 된다고? 그동안 마미킹이 경험을 나누고, 여러 시도를 해왔던 것은 사실이지만, 이렇다 할 수익 모델을 찾지 못하고 있었기 때문에 이 카피가 여간 반가운 게 아니었다. 백만장자 메신저의 문장들은 길이 어디인지도 모르고 그저 마음의 소리를 따라 걷기만 했던 내게 이 일이 엄연히 직업이 될 수 있다고 말해주는 선배의 격려 같았다. '당신은 세상을 변화시키기 위해 태어났다', '메신저는 다른 사람들이 성공하도록 돕는 사람들이다' 특히 이 두 문장은 그동안 내가 찾던 비전과 소명을 동시에 설명해 주었다. 그때까지는 메신저 산업이 정확히 무엇인지 몰랐지만, 그동안 마미킹이 자연스럽게 그런 일을 추구하고 있었다는 생각에 뭔지 모를 위로와 감동이 밀려왔다.

터닝포인트

2017년 겨울, 마미킹은 회원의 후원으로 킨텍스 크리스마스 페어 전에 나갈 기회를 얻었다. 감사한 후원이었지만 경험도 없고, 운영비도 자비로 해야 하는 상황에서 6일간의 전시를 어떻게 채워야 할지 앞이 캄캄하기만 했다. 그날 저녁, 책아이책엄마 밴드에 재능기부와 자원봉사 참여를 독려하는 글을 올렸다. 전시는 대성공이었다. 수많은 응원과 지지가 이어졌다. 얼마 지나지 않아 자녀와 읽은 그림책 독후활동 결과물을 기꺼이 공유하고 싶다며 보내온 자료들로 볼거리가 가득 채워졌다. 현장에는 지방에서 새벽 기차를 타고 올라온 엄마, 아이를 유치원에 보내고 막간을 이용해 달려온 엄마, 멀리 해남에서 간식비를 보내온 엄마, 마지막 정리에 일손을 거들겠다며 온 가족이 총출동했던 가족까지, 일일이 열거하기 어려울 정도로 많은 엄마가 십시일반으로 마음을 모아 주었다.

"온라인으로 만난 사람들이 이렇게까지 헌신적일 수 있을까? 매일 놀라움의 연속이었어요."

한 자원봉사자의 후기는 그때의 감동을 잘 설명해 주었다. 나 역시 감동적이고 놀라운 경험이었다. 엄마들은 마미킹이란 공동체 안에서 각자 메신저가 되어 서로의 꿈을 격려하고 지지하고 있었다.

다음 해, 마미킹은 서울창업허브에서 주관한 예비창업팀 육성프로그램에 부모와 아이가 교감하며 책과 친해질 수 있는 독후활동 교구 '하루 육아 박스'를 개발하여 소셜 벤처 분야에서 우수 팀으로 선정되었다. 소셜 벤처는 사회문제 해결을 목표로 혁신적인 아이디어와 가치가 만나서 지속적인 수익과 사회적 가치를 추구하는 기업을 말한다. 다시 말해, 혁신적인 기술과 아이디어를 갖고 있는 벤처기업과 취약계층을 대상으로 사회적 목적을 추구하면서 영업활동을 하는 사회적기업의 의미가 더해진 스타트업이라고 할 수 있다. 이 경험은 마미킹을 본격적으로 비즈니스 관점에서 바라보고, 개인의 문제를 넘어 사회적 문제로 시야를 확대하는 전환점이 되었다.

급할수록 돌아가라

2020년 코로나가 전 세계를 강타했다. 사람들은 이제 변화하지 않으면 안 되는 절대적인 상황과 마주하게 되었다. 이제 변화는 생존과 직결되는 문제가 됐다. 스펜서 존슨의 "누가 내 치즈를 옮겼을까?"에 치즈는 안정과 행복을 가져오는 것이었다. 반면 치즈가 사라진 상황은 '변화'를 의미한다.

코로나로 많은 사람이 느닷없이 인생의 쉼표를 찍어야 했다. 그러나 누구도 앞으로의 상황을 낙관할 수 없기에 이 사태를 쉼표라고 단정 짓기도 어려운 상황이다. 한두 달 지나면 사라질 거라 믿었던 사람들은 허둥대기 시작했고, 누군가는 넋을 잃고 주저앉아버렸다. 마치 누가 내 치즈를 가져갔냐고 원망하며 주저앉았던 햄처럼 말이다.

저명한 경제학자들은 코로나가 가져온 이 거대한 변화가 갑자기 일어난 일이 아니라 코로나로 앞당겨진 것뿐이라고 말한다. 단지 시간이 앞당겨졌을 뿐 이미 예견된 결과였다는 거다. 그렇다면 이제 우리는 어떻게 해야만 할까?

첫째, 변화를 결단하라

코로나는 유례없이 세상을 평등하게 대했다. 선진국이든 후진국이든 코로나 앞에서 맥을 못 추고 휘청했고, 강자들의 민낯이 여실히 드러나기도 했다. 디지털 경제가 가속화되면서 이에 적응한 그룹과 그렇지 못한 그룹 간에 새로운 계급이 만들어지기도 했다. 하지만 낙심할 필요는 없다. 어려울 때 꿈이 더 빨리 실현되는 법이다. 이제 변화는 누구에게나 예외가 없다. 새로운 룰 앞에서 주류와 비주류가 같은 출발선에 서게 되었다.

나는 코로나를 기회라고 생각한다. 비대면 온라인화가 생활 속에 들어오면서 시간의 장벽, 공간의 장벽이 사라진 지금, 마미킹은 경력단절로 일터에서 은퇴한 전 세계 한인 엄마들을 연결할 수 있게 되었다. 엄마들의 꿈을 책으로 출간하는 마미킹 리커리어북스는 각각 프랑스, 인도, 한국에 있는 엄마들이 자신의 경험과 지식을 나누며 만들어 내고 있다. 우리는 새로 시작하는 마미킹의 슬로건을 We develop together (우리는 함께 성장합니다)로 새롭게 정의했다. 마미킹은 코로나 이전에는 시도할 수 없었던, 전 세계 한인 엄마들의 꿈을 지지하고 돕는 메신저 플랫폼으로 새로운 변화를 시작하고 있다.

둘째, 마음이 이끄는 꿈에 치열하게 다가가라

다시 말하지만 꿈은 간절함에서 나온다. 다른 사람에게는 무의미해 보일지 몰라도 마음이 이끄는 소리를 외면하지 않고 작은 용기를 냈던 첫걸음이

나를 계속 새로운 경험으로 이끌었다. 그 경험은 거기에 그치지 않고 또 다른 경험으로 이어졌다. 대표적인 사례로 마미킹 리커리어북스를 통해 6개월 만에 엄마 작가 23명이 배출되는 결과로 이어졌다. 이 경험은 지금 이 책, 호서대학교 창업대학원생들을 대상으로 한, 브랜딩 출판 에이전트의 기회로 이어져 한 단계 도약하는 기회가 되었다.

꿈이 없는 행동은 목적지를 모르고 출발하는 항해와 같다. 경력단절이나 은퇴를 자신의 꿈을 찾고 발견하는 시간으로 생각을 전환한다면, 이 시기는 당신에게 도약의 계기가 될 것이다. 꿈은 살아 움직이는 생명체 같아서 내가 애써 찾지 않으면 절대 모습을 드러내지 않고, 일부러 가꾸지 않으면 시들어 죽고 만다.

셋째, 99도에는 물이 끓지 않는다

준비 없이 경력이 단절되었거나 은퇴를 하게 되면 이전의 경력과 경험 때문에 자칫 더 조급해질 수 있다. 무엇이든 할 수 있을 것 같기도 하지만, 아무것도 할 수 없다는 자포자기의 심정도 경험하게 된다. 보란 듯이 빨리 큰 성과를 내려 하면 빨리 절망하고 포기하게 된다. 한 번에 쉽게 이뤄지는 일은 없다. 전 피겨스케이팅 선수 김연아의 이 말은 무엇이 성공을 완성하는가에 대해 다시 한번 생각하게 해준다.

"99도까지 열심히 온도를 올려놓아도 마지막 1도를 넘기지 못하면 영원히 물은 끓지 않는다고 한다. 물을 끓이는 건 마지막 1도, 포기하고 싶은 바로 그 1분을 참아내는 것이다."

본질은 속도보다 중요하다. 본질을 알면 속도는 자연스럽게 붙기 때문이다. 마인드 셋이 되었다면 다음은 구체적인 자기 분석과 실행을 위한 다음의 3단계 전략을 실행해 볼 수 있다.

1단계: 경력(경험, 지식) 중심 SWOT 분석

경력단절, 혹은 은퇴자들은 이미 자신의 첫 번째 경력이 있기 때문에 그 경험에서 답을 찾기를 추천한다. SWOT 분석은 기업에서 주로 마케팅 전략을 수립할 때 사용하는 기법이다. SWOT는 각각 강점, 약점, 기회, 위협을 의미하는데, 이를 자신의 경력 즉, 경험과 지식을 중심으로 분석하면 자신이 잘하는 것과 부족한 점을 한 눈에 볼 수 있고, 약점과 위협을 보완하며 새로운 기회를 도모할 수 있다.

2021년 마미킹의 SWOT 분석을 예로 들어보겠다.

	긍정적 요인	부정적 요인
내부요인	강점 S(strength) 자체 디자인, 기획 가능 도전적, 긍정적 사고, 뚜렷하게 설정된 목표와 타깃 타깃팅 된 회원 만 명 DB 구축	약점 W(weakness) 육아와 살림에 많은 시간소요 마미킹 브랜드 사이트 부재
외부요인	기회O(opportunity) 퍼스널 브랜딩 인식확산 온라인 비대면 일상화 디지털기술 발달	위협T(threat) 코로나로 인한 불황 온라인 마케팅의 경쟁 심화

[도표 3-1] 2021년 마미킹 SWOT 분석

2단계: 잘하는 것, 하고 싶은 것, 해야 하는 것의 우선순위

이렇게 강점, 약점, 기회, 위협을 한눈에 볼 수 있도록 자기 분석을 하고 나면, 우선순위와 중요도를 정하여 불필요한 에너지 낭비가 생기지 않도록 계획하는 것이 중요하다. 우선순위를 정하는 3가지의 기준은 다음과 같다.

첫째, 잘하는 것은 나의 경력, 또는 취미나 재능 등이 이에 포함된다.

둘째, 하고 싶은 것에는 꿈이나 소명, 또는 목표 등이 포함될 수 있다.

셋째, 해야 하는 것은 하고 싶은 것을 이루기 위해 따라야 할 실행목록에 관한 것들이다.

3단계: 나만의 퍼스널 브랜딩으로 창직하라

철저한 자기 분석을 통해 2단계 과정이 어느 정도 정립되었다면 이제는 내 브랜딩의 타깃을 명확하게 정의해야 한다. 여기서 타깃은 '나의 고객은 누구인가?'로 다시 설명할 수 있다. 이때 타깃은 최대한 좁히는 것이 좋다. 우리의 고객이 되어줄 사람들은 어떤 문제를 겪고 있는지 거기에 맞는 해결책을 명확하게 제시해야만 내 상품을 소비해 줄 유의미한 잠재고객을 만들 수 있기 때문이다. 자원과 자금이 부족한 소상공인은 더욱더 좁은 시장을 대상으로 마케팅할 필요가 있다. 내 브랜드와 상품을 더 많은 사람에게 알리고 싶은 욕심으로 '남녀노소 누구나'로 정한다면 어떻게 될까? 아마 어마어마한 광고비를 지불하고도, 한 사람의 마음조차 움직이기 어려울 것이다. 퍼스널 브랜딩의 경우도 다르지 않다. 퍼스널 브랜딩은 말 그대로 자신을 브랜딩 화하여 특정 분야에서 자신을 떠올리게 하는 것을 의미한다.

마미킹의 타깃은 결혼 전 전문직에 종사하며 인정과 성취감을 느끼고 적극적으로 사회생활을 했지만, 출산 이후 육아를 위해 전업맘을 선택했고 이후에도 경제적 자립과 보람을 중요하게 생각하는 30~40대 여성이다. 만약 타깃을 3040 경력단절여성으로 잡았다면 어땠을까? 이들의 관심사인 교육, 여행, 살림, 인테리어 등 다양한 니즈를 모두 채우느라 엄청난 대가를 치러야 할 것이다. 구체적이고 정확한 타깃을 설정하면 타깃이 겪고 있는 문제와 해결책을 제시할 수 있을 뿐 아니라, 이를 통해 자신의 역할, 즉 퍼스널 브랜딩을 찾을 수 있다.

앞서 설명한 내용을 다시 정리하면, 자신을 브랜딩하는 퍼스널 브랜딩 과정은 다음과 같이 크게 3단계 전략으로 구성할 수 있다.

1단계, 나를 들여다보는 자기 분석을 통해 꿈과 소명을 발견하고, (본질의 중요성)

2단계, 누구를 도울 것인가? 즉 나의 고객이 될 대상을 정한 후(구체적이고 명확한 타깃설정)

3단계, 공감을 일으킬 수 있는 나만의 스토리로 자신을 브랜딩하라. (퍼스널 브랜딩)

나의 퍼스널 브랜딩은 제2의 경력을 준비하는 사람들(경력단절, 은퇴자)

의 가치(경험과 지식)를 발견하고, 그 가치를 특별한(Unique) 콘텐츠로 디자인하여 제2의 경력을 준비하는 사람들의 성공을 돕는 **'리커리어메신저 (RE-Career Massenger)'**이다.

바야흐로 우리는 조직보다 개인이 중요해지는 시대에 살고 있다. 급속한 변화와 치열한 경쟁 속에서 살아남을 방법으로 퍼스널 브랜딩은 최고의 무기가 될 수 있다. 그 시작은 자신을 아는 것에서부터 시작된다.

마지막으로 내게 자아의 신화를 찾게 해준 파울로 코엘료 장편소설 "연금술사"의 한 구절을 인용하며 끝을 맺으려고 한다,

"어째서 우리는 자신의 마음에 귀를 기울여야 하는 거죠?"
"그대의 마음이 가는 곳에 그대의 보물이 있기 때문이지."

회계·세무를 모르고 창업하지 마라

배의 존재 이유는 항해에 있다. 지금 내 배는 어디로 가고 있을까?
창업을 하는 순간 회계·세무와 떨어질 수 없다
100년 기업이 되기 위한 회계·세무 관리 기법

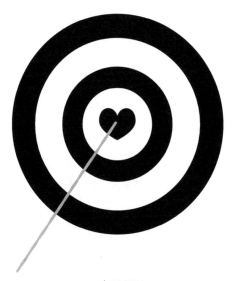

창업회계세무큐레이터 | 임현찬 ● taxking@kakao.com

업무영역: 불복, 예규질의, 조사대응, 세무검토, 가업승계, 세무조정 등 세무자문, 회계감사
자격 : 공인회계사, 세무사

세정회계법인 세무본부 | 현

한국지방세연구원 법령해석지원센터 자문위원 | 현

부산광역시 부산시 지방세심의위원 | 전

기술보증기금 외부평가위원 | 전

17여 년간 삼정회계법인, 안진회계법인, 삼일회계법인, 대기업 현대오일뱅크와 웅진홀딩스 세무팀, 기술보증기금에서 근무하며 다양한 업무 경험 | 전

호서대 글로벌창업대학원 창업컨설턴트 석사 과정

고려대학교 일반대학원 법학과 세법(행정법 전공) 수료

고려대학교 법학과 졸업

경희대학교 경영학부 졸업

배의 존재 이유는 항해에 있다. 지금 내 배는 어디로 가고 있을까?

오랜 친구가 사업에 실패하여 연락되지 않은 적이 있었다. 그는 세법을 잘 몰라서 매출하고 함께 받은, 매출액의 10%인 부가가치세를 자신의 돈으로 생각하여 세금을 납부할 돈까지 써버렸다. 설상가상으로 매입할 때 세법에서 정한 적격증빙을 수취하지 않아서 세무상 비용으로 인정되지 않은 금액이 많았다. 결국, 실제 소득보다 많은 과세소득으로 신고가 되어 소득세 부담도 적지 않게 되었다. 매출도 제법 괜찮았지만, 회계와 세무에 대해서 너무 무지했던 것이 그 친구의 사업 실패 원인이었다.

독일의 철학자 괴테가 말한 '배는 항구에 있을 때 가장 안전하지만, 그것이 배의 존재 이유는 아니다'라는 문구는 도전 정신을 일깨우기 위해서 많이 인용되고 있다. 이 문구는 창업에도 그대로 적용해볼 수 있다. 창업은 직장(월급)이라는 안전한 항구를 떠나 험난한 시장으로 항해하는 것이라고 할 수 있다. 앞으로 어떠한 어려움이 발생할지 알 수 없지만, 회계·세무를 알고 있으면 본인의 현재 위치를 파악하고, 어디로 가야 할지에 대한 계획을 세울 수 있다. 창업자들이 회계와 세무에 대한 기본적인 이해가 생겼으면 하는 바람으로 책을 쓰게 되었다.

첫 번째 챕터에서는 창업자가 회계와 세무를 알아야 할 이유에 관해서 설명한다. 두 번째 챕터에서는 창업 전과 후에 알아야 할 세무 지식에 대하여 기술했다. 마지막으로 사업 운영 중에 꼭 필요한 부가가치세, 소득세(법인세), 원천세 등의 필수적인 사항을 설명하고 절세 방안에 대해서 소개하고자 한다.

1. 창업할 때 왜 회계를 알아야 하나요?

회계란 회사의 경영상황을 관리하는 모든 과정이다. 창업을 위해서 사무실 임차료를 지급하고, 원재료를 구입하고, 직원에게 급여를 주는 것이 모두 '회계'라는 기업의 언어로 정리된다. 따라서 회계를 알아야 제품 판매로 인한 이익이 얼마인지 파악할 수 있게 되어 향후 마케팅과 제품개발 계획도 정확하게 세울 수 있다. 이를 위해서는 재무상태표, (포괄)손익계산서, 현금흐름표, 자본변동표라는 4가지의 재무제표에 대한 이해가 필수적이다.

(1) 재무상태표

보고 기간 종료일(주로 12월 31일) 현재 모든 자산, 부채 및 자본을 나타내는 정태적 보고서

- 자산: 기업이 조달한 자금을 어떻게 사용했는지 나타냄

- 부채(타인자본)와 자본(자기자본): 기업의 자금 조달 구조를 보여줌

(2) (포괄) 손익계산서

일정 기간(주로 1년) 동안 발생한 거래나 사건을 통해 수익과 비용을 나타내는 보고서

- 매출총이익(매출-매출원가), 영업손익(매출총이익-판매비와 관리비), 법인세차감전순이익(영업손익-영업외손익), 당기순이익(법인세차감전순이익-법인세비용) 등을 확인 가능

(3) 현금흐름표

일정 기간 동안 기업의 현금흐름을 나타내는 재무제표

① 영업활동: 기업의 이익에 직접적으로 영향을 미치는 생산, 구매, 판매 활동으로 발생한 현금흐름

② 투자 활동: 현금의 대여와 회수, 유가증권, 투자자산, 유형자산, 무형자산의 취득과 처분 등으로 발생한 현금흐름

③ 재무 활동: 차입금의 증가와 감소, 자본금의 증가와 감소로 발생한 현금흐름

(4) 자본변동표(법인기업만 해당)

일정기간 동안 소유주의 투자와 소유주에 대한 분배 정보를 제공함

2. 창업할 때 세무가 왜 필요하나요?

창업기업 단계에서는 법인세(소득세) 납부를 위한 세무회계에 따라 회계(기업회계) 처리를 하는 경우가 많기[1] 때문에 장부작성을 하면 세무에 대해 더 알아야 할 필요가 없다고 착각할 수 있다. 하지만 모든 회계처리를 세법에 따라 할 수는 없기 때문에 중요한 차이점[2]은 알고 있어야 한다. 그리고 세법에서는 많은 Compliance(납세협력의무)를 부과하고 있다. 이를 위반한다면 가산세, 과태료 등을 부과하고 있기 때문에[3] 불필요한 자금 유출을 막기 위해서라도 꼭 세무를 알아야 한다.

3. 창업 전 꼭 알아야 할 세무 지식은 무엇인가요?

창업자는 납부해야 할 주요 세금에 대해서 기본 사항을 알아야 한다. 창

업자가 납부해야 할 세금은 크게 국세와 지방세가 있다. 주요 국세에는 소득세, 법인세, 부가가치세, 원천세가 있으며, 지방세에는 지방소득세, 취득세, 재산세, 자동차세 등이 있다.

(1) 소득세

개인사업자로 창업을 한다면 소득세를 납부한다. 당해 과세기간에 종합소득금액(이자·배당·사업(부동산임대)·근로·연금·기타소득)이 있는 자는 다음 해 5월 1일부터 5월 31일(성실신고확인서 제출자는 6월 30일)까지 종합소득세를 신고·납부하여야 한다(소득세법 제70, 70조의2).

(2) 법인세

법인은 사업연도 종료일이 속하는 달의 말일부터 3월 이내에 법인세를 신고·납부하여야 한다. 12월 말이 사업연도 종료일이라면 3월 말까지 신고를 해야 하고, 6월 말이 사업연도 종료일이라면 9월 말까지 신고를 하면 된다.

(3) 부가가치세

부가가치세란 상품(재화)의 거래나 서비스(용역)의 제공과정에서 얻어지는 부가가치(이윤)에 대하여 과세하는 세금이다. 판매 시 물건 가격의 10%를 매출세액으로 추가로 받고, 매입 시 물건 가격의 10%를 매입세액으로 추가로 지급하여 그 차이 금액이 '+'인 경우에는 부가가치세액을 납부하고 '-'인 경우에는 부가가치세액을 환급받는다.

(4)원천세

원천징수란 소득자가 자신의 세금을 직접 납부하지 아니하고, 원천징수 대상 소득을 지급하는 원천징수 의무자(국가, 법인, 개인사업자, 비사업자 포함)가 소득자로부터 세금을 미리 징수하여 국가(국세청)에 납부하는 제도를 말한다.

원천징수 대상 소득에는 이자소득, 배당소득, 사업소득, 근로소득, 기타소득, 퇴직소득 등이 있다.

(5) 지방세

지방세란 지방자치단체(서울특별시 및 광역시, 도 등 광역자치단체 및 시, 군, 구 등 기초자치단체)가 과세권을 가진 조세를 말한다.

특별(광역)시세는 취득세, 레저세, 담배소비세, 지방소비세, 지방소득세, 자동차세, 지역자원시설세, 지방교육세, 주민세가 있다(단, 광역시의 경우 주민세의 종업원분과 사업소분이 자치구세이다). 자치구세에는 등록면허세, 재산세가 있다.

세목	신고대상자	신고 납부기한		신고 납부할 내용대상사
종합소득세	모든 개인사업자	확정신고	다음해 5월 1일 ~ 5월 31일	1월 1일 ~ 1월 30일간의 연간 소득
		중간예납	11월 30일 까지	전년도 부담세액의 1/2
부가가치세	일반과세자 간이과세자	1기 확정	7월 1일 ~ 7월 25일	1월1일 ~ 6월 30일간의 사업실적
		2기 확정	다음에 1월 1일 ~ 1월 25일	7월1일 ~ 12월 31일간의 사업실적
		4월 25일, 10월 25일까지 예정고지 받은 세액을 납부 신규사업자 및 사업부진자는 예정신고		
특별소득세	특별소비세 면세사업자	매월 말일까지		1개월간 특별소비세
사업장현황신고	부가가치세 면세사업자	다음해 1월1일 ~ 1월 31일		1월 1일 ~ 12월 31일간의 면세수입금액 (매출액)
원전징수 이행상황신고	원천징수실적이 있는 모든 사업자	매월 10일		매월 원천징수한 세액

---

1. 예를 들어 감가상각비를 들 수 있다. 회계에서는 경제적 내용연수 동안 감가상각을 해야 하지만, 세무회계에서는 세법에서 정한 내용연수 범위내에서 해야 한다. 또한 회계에서는 사업을 사용하기 위해서는 감가상각을 필수적으로 해야 하지만, 세법에서는 일반적인 경우 감가상각이 필수가 아니다. 따라서, 이익을 발생시키기 위해서 작은 규모의 회사에서는 감가상각을 하지 않는 경우도 발생한다.

2. 세무회계에서는 접대비, 기부금과 같은 소비성 지출에 대하여 한도가 있어 전액 손금으로 인정해주지 않으며, 특수관계자 거래에 대해서는 거래가액을 엄격하게 적용하여 조세회피를 방지하고 있다. 한편, 기계장치 등 투자를 하는 경우에는 세액공제를 적용하여 납부세액을 줄여주기도 한다.

3. 지급명세서 제출불성실 가산세, 미등록가산세, 국외특수관계자에 대한 해외법인명세서 미제출 과태료 등 매우 많다.

창업을 하는 순간 회계·세무와 떨어질 수 없다

IMF 이후로 평생직장이라는 개념이 무너지고, 100세 시대를 맞이하여 하나의 직업으로는 살기 어려운 시대가 되었다. 주업이 되었든 부업이 되었든 모든 사람들이 창업을 생각하고 있다고 해도 과언이 아니고, 이러한 현상에 발맞추어 실제로 많은 사람들이 N잡러, 유튜버 등 다양한 방법으로 소득을 얻고 있다. 예를 들어 중고나라나 당근마켓에서 물건을 팔아서 소득이 발생할 경우, 어쩌다 한번 판매한다면 사업자가 아니지만, 계속적, 독립적으로 판매행위를 했다면 사업자에 해당한다. 사업자는 사업자 등록 여부와 관계없이 부가가치세 등 사업과 관련된 세금을 납부하여야 한다.[4]

1. 창업 전에 꼭 해야 하는 것은 무엇인가요?

(1) 사업자 종류 선택 (개인사업자 VS 법인사업자)

창업할 때 사업자 종류를 선택하는 것이 매우 중요하다. 일반적으로 자영업으로 불리는 음식점이나 카페와 같이 개인을 주로 상대하는 업종은 개인사업자가 유리한 부분이 많고, 향후 외부투자유치와 IPO 등을 계획하고 있다면 법인사업자(특히 주식회사)가 유리할 수 있다. 개인사업자로 창업을 하여 규모가 커지게 되면 법인사업자로 전환이 가능하지만 창업중소기업 감면 등 조세혜택은 최초로 창업을 하는 기업에만 적용된다. 개인에서 법인으로 전환된 법인에는 적용이 되지 않기 때문에 창업자의 마스터플랜에 따라 사업자 종류가 선택되어야 한다.

<개인사업자와 법인사업자 비교>

구분	개인사업자	법인사업자
적용세법	소득세법, 지방세법 (개인지방소득세)	법인세법, 지방세법 (법인지방소득세)
세율	1200만 원 이하: 6.6% ~ 4600만 원: 16.5% ~8800만 원: 26.4% ~1.5억 원: 38.5% ~ 3억 원: 41.8% ~5억 원: 44% ~ :10억 원: 46.2% 10억 원 ~: 49.5%	2억 원 이하: 11% ~ 200억 원: 22% ~ 3000억 원: 24.2% 3000억 원~ : 27.5% -단 급여, 배당금 수령시 종합소득세 별도 부과 (적정 수준의 급여는 법인세 감소 효과 존재)
장단점	- 기업활동이 자유롭고 신속한 의사결정 용이 - 단독 무한책임의무 - 일정규모 이상인 경우 세부담 불리 - 우수인력 확보, 대외신용도 및 이미지 불리 - 체계적인 관리부재로 회사성장성 한계 존재 - 개인자금과 사업자금의 구분이 어려움 - 폐업절차 단순	- 중요한 의사결정시 이사회 결의 및 주주총회 결의 필요 - 유한책임의무 - 수익을 회사 내 유보시킴으로써 과세이연 가능 - 우수인력 확보, 대외신용도 및 이미지 제고 - 동일규모의 개인기업에 비해 세무조사 가능성 감소 - 엄격한 자금관리 및 경영조직관리 필요성 존재 - 별도 청산절차 존재

(2) 홈택스에 가입하자.

www.hometax.go.kr로 접속해서 홈택스에 가입하자. 소득세, 부가세 신고뿐만 아니라 부가세증명원, 소득금액증명원, 사업자등록증명원 등 국세 관련 민원서류도 발급이 가능하다.

(3) 업종선택이 중요하다.

업종에 따라 창업중소기업 등에 대한 세액감면 등의 세제혜택이 결정되고, 소득세법상의 사업소득의 구분 등이 달라진다. 추후 국세청에서는 주업종에 따라 부가가치세, 종합소득세 및 법인세 등의 정보를 취합하며 개인사업자의 경우에는 기준경비율과 단순경비율이 결정된다

(4) 사업자 등록

사업자등록은 사업 개시 전 또는 사업을 시작한 날로부터 20일 이내에 홈택스 혹은 세무서를 통해서 해야 한다. 다만, 사업개시일이 속한 과세기간 종료일(1기: 6월30일, 2기: 12월31일) 20일 이내에 사업자등록을 하면 미등록가산세(공급가액의 1%, 간이사업자의 경우에는 공급대가의 0.5%)는 납부해야 하지만 매입세액 공제는 가능하다. 만일 사업자등록을 하지 않고 매출이 발생할 경우에는 납부하지 않는 세액의 20%를 무신고가산세로, 1일당 0.025%를 지연납부 가산세로 납부하여야 한다. 상황에 따라서는 조세범 처벌법에[5] 따라 처벌이 될 수도 있다.

2. 창업 후에 꼭 해야 하는 것은 무엇인가요?

(1) 사업용 신용카드 등록

개인사업자는 사업용 신용카드를 홈택스에 등록하여야 한다.[6] 등록된 카드로 사용된 금액은 누락되지 않기 때문에 필요경비로 인정받기 훨씬 수

월하여 사업자카드 등록은 절세의 기본이다.

(2) 사업용 계좌 신고

개인사업자는 사업용 계좌 신고를 해야 한다. 개인사업자의 자금은 사업 자금과 혼용이 되어 추후에 자금의 사업 관련성 여부에 대하여 국세청의 소명 요청을 받을 수 있다. 따라서 개인사업자가 사업용 계좌를 신고하면 이러한 불편함을 피할 수 있다. 직전 과세 기간 매출액이[7] 일정 금액 이상인 복식부기의무자는 사업장 별로 복식부기의무자가 최초로 된 해의 6월말까지 의무적으로 국세청에 신고를 해야 한다. 만일 의무신고자가 신고를 안 할 경우에는 매출액의 0.2%와 거래대금, 인건비, 임차료 등 사용대상 금액의 0.2% 중 큰 금액을 가산세로 추가로 납부해야 한다. 또한, 세무조사 대상자로 선정될 수 있으며 중소기업 특별세액 감면을 받을 수 없는 페널티를 받게 된다.

3. 그 밖에 창업할 때 고려할 사항은 없나요?

(1) 명의대여는 절대 하지 말자.

사업과 관련된 세금은 사업자등록증에 기재된 명의자에게 부과된다. 따라서 명의를 빌려 사업을 한 사람이 체납하게 되면 명의자의 재산이 압류될 수도 있다. 또 조세범처벌법에 의해서 처벌이 될 수 있다. 법인사업자를 준비하는 경우도 마찬가지로 명의대여 문제가 발생할 수 있다. 과점주주가 되지 않기 위해 주식의 일부를 지인의 명의로 취득할 경우, 향후 창업한 회사가 잘 돼서 주식을 다시 가져오기 위해서는 증여세, 양도소득세, 간주취득세 등 많은 세금이 발생할 수 있다. 50%를 초과하는 주식에 대하여 명의를 빌려 법인사업자를 창업하는 경우도 있다. 법인이 체납 등을 한 경우 명의를 빌려준 주주에게 세금이 부과될 수도 있으니 명의 대여는 하지 않는 것이 절세의 지름길이다.

(2) 세금 납부용 통장과 세무 일정표를 만들자.

회사가 납부해야 할 세금 일정과 이에 대한 자금계획을 항상 염두에 두어야 하고 이를 위해서 회사에 맞는 비용 기준(접대비, 복리후생비, 출장여비 등)을 작성하여 필요경비(손금)의 근거를 마련해야 한다. 그리고 실제로 세금을 납부할 자금을 마련하기 위해서 세금 납부용 통장을 만들어서 준비하는 것이 자금 운영 측면에서 효율적이다. 또한 업종에 맞는 세금혜택에 대해서도 고민을 해야 한다. 만일 회계 및 세무 전문가에게 기장을 맡기기로 결정했어도 비용 기준, 세금혜택, 각종 세금 납부기준 등에 대한 세무일정표는 직접 관리하여야 한다.

<개인사업자의 세무일정표 예시>

구분	신고사항
매달 10일	근로소득세 신고.납부
1월25일	전년도 2기 부가가치세 신고.납부
1월31일	간이지급명세서 제출 4기분 일용근로소득 지급명세서 제출
2월10일	면세사업장현황신고
2월28일	계속근로자 지급명세서 제출(전년도 분)과 전년도 4기분 일용근로소득 지급명세서 제출
3월10일	전년도 급여 연말정산분 신고.납부
4월25일	1기 부가가치세 예정고지 납부
4월30일	1기분 일용근로소득 지급명세서 제출
5월 말일	전년도 사업실적에 대한 종합소득세 신고 납부
7월25일	1기 부가가치세 확정신고·납부
7월30일	간이지급명세서 제출 2기분 일용근로소득 지급명세서 제출
10월25일	2기 부가가치세 예정고지 납부
10월30일	3기분 일용근로소득 지급명세서 제출
11월 말일	종합소득세 중간예납

4. 네이버 등 스마트스토어에서도 처음에 개인판매자로 등록이 가능하나 일정 매출이 발생하면 사업자 미등록 시의 과세위험을 안내하면서 사업자로 전환할 것을 권유한다.

5. 조세범처벌법 제3조(조세 포탈 등) ① 사기나 그 밖의 부정한 행위로써 조세를 포탈하거나 조세의 환급·공제를 받은 자는 2년 이하의 징역 또는 포탈세액, 환급·공제받은 세액(이하 "포탈세액 등"이라 한다)의 2배 이하에 상당하는 벌금에 처한다. 다만, 다음 각 호의 어느 하나에 해당하는 경우에는 3년 이하의 징역 또는 포탈세액 등의 3배 이하에 상당하는 벌금에 처한다.

1. 포탈세액 등이 3억 원 이상이고, 그 포탈세액 등이 신고·납부하여야 할 세액(납세의무자의 신고에 따라 정부가 부과·징수하는 조세의 경우에는 결정·고지하여야 할 세액을 말한다)의 100분의 30 이상인 경우

2. 포탈세액 등이 5억 원 이상인 경우

6. 법인사업자는 법인카드발급 시 자동으로 홈택스에 등록된다

7. 도소매업 3억 원, 제조업, 숙박 및 음식점업 1.5억 원, 사업서비스업 7500백만 원 미만

100년
기업이 되기 위한
회계·세무 관리 기법

1. 모든 거래는 흔적을 남긴다고요? (부가가치세)

부가가치세 신고를 제대로 하는 것이 매우 중요하다. 부가가치세의 신고 내역은 종합소득세와 법인세의 소득을 파악하기 위한 기초자료로 이용되고, 결국 건강보험료와 국민연금과 같은 4대 보험료에 영향을 미치기 때문이다. 그렇다면 부가가치세에서 가장 중요한 것은 무엇일까?

(1) 세금계산서를 발행하고 수취하자.

판매자는 매출세금계산서를 발행하여야 하며, 매입자는 여러 매입처로부터 수령한 세금계산서를 합하여 매입처별 세금계산서 합계표를 작성하여 매입세액 환급을 위해 국세청에 제출한다. 판매자가 세금계산서를 미발행할 경우 판매가의 2%를 세금계산서 미발행 가산세로 부담하고 매입자는 매입세액 공제가 불가능하다.

(2) 거래상대방이 세금계산서 발행을 거부할 때

매입자발행 세금계산서제도를 이용하면 된다. 매입자발행 세금계산서제도는 납세의무자로 등록한 사업자가 재화 또는 용역을 공급하고 부가가치세법에 따른 세금계산서 발급시기에 세금계산서를 발급하지 아니하거나 사업자의 부도·폐업 등으로 사업자가 수정세금계산서 또는 수정전자세금계산서를 발급하지 아니한 경우 공급받은 자가 관할 세무서장의 확인을 받아 세금계산서를 발급하여 매입세액 공제를 받을 수 있는 제도이다. 당초 세금계산서를 교부하지 않았던 매출사업자는 공급가액의 2%에 상당하는 가산세 등 여러 가산세가 부과되고 조세범처벌법에 의해 1년 이하의 징역 또는 세액의 2배 이하에 상당하는 벌금에 처해질 수 있다.

(3) 모든 매입세액이 공제가 되는 것이 아니다.

회사의 업무를 위해서 사용했음에도 불구하고 다음과 같은 매입세액은 공제가 되지 않는다.

① 매입처별 합계표의 미제출·부실기재에 대한 매입세액

② 세금계산서 미수취·부실기재에 대한 매입세액(8)

③ 사업과 직접 관련이 없는 지출에 대한 매입세액

④ 비영업용 소형승용차(개별소비세법 제1조 제2항 제3호 자동차)의 구매, 유지에 관한 매입세액(9)

⑤ 접대비 및 이와 유사한 비용의 지출과 관련된 매입세액

⑥ 면세사업 등에 관련된 매입세액과 토지관련 매입세액

⑦ 사업자 등록 전 매입세액

(4) 매출과 매입을 정확하게 확정하자.

거래가 전산화되고 있어 국세청이 매출 누락을 적발하기 쉬워지고 있다. 음식업 사업자가 모바일 애플리케이션을 이용하여 개인에게 매출한 후 그 공급가액을 신고 누락한 사례, 스마트폰 앱을 통해 화물 알선 용역을 제공하고 지급받은 알선수수료를 신고 누락하는 사례 등 여러 적발 사례에서 매출 누락은 결국 적발된다는 사실을 알 수 있다. 또 매입을 무작정 늘리는 것

도 좋은 방법은 아니다. 국세청은 업종별 신고 가이드라인을 가지고 있는데 신고자가 이에 미달하면 불성실신고자로 분류하여 세무조사를 실시할 수 있기 때문이다.

(5) 부가가치세 신고 시 주의사항

부가가치세 신고 시 주의사항은 다음과 같다.

〈부가가치세 관리표 예시〉

구분	비고
세금계산서(면세업은 계산서) 공급시기 적정성	
매입세액불공제 사항 검토 -업무 무관 지출비용(사적사용 비용), 접대비, 승용차 유지비용(유류대, 주차비 등) 등	
허위 세금계산서를 통한 매입세액 공제 금지	
동종업종과 자신의 부가율 비교, 차이가 나는 경우에는 불성실신고자로 인식될 가능성 있음	
기말에 원재료 등을 대량 구입하는 경우에는 소득조절혐의가 있는 것으로 볼 수 있으므로 이에 유의	

2. 경영성과는 어떻게 계산하고 소득은 어떻게 계산하나요?

-회계와 소득세(법인세)

소득세는 소득이 발생하여야 납부하는 세금이다. 소득을 확인하기 위하여 복식부기 장부는 아래와 같은 거래의 8요소를 결합하여 작성된다.

〈거래의 8요소〉

비용 차변(왼쪽)요소	대변(오른쪽)요소
자산의 증가, 부채의 감소 자본의 감소, 비용의 발생	자산의 감소, 부채의 증가, 자본의 증가, 수익의 발생

창업 초기부터 복식부기로 장부를 작성해야 하나요?

법인사업자는 회계 지식을 갖춘 것으로 보아 복식부기로 장부를 작성하는 것이 의무로 되어 있다. 그러나 개인사업자는 사업 초기에는 회계 지식을 갖추기 힘들기 때문에 업종별 수입금액에 따라 경비율 제도를 이용하여 장부기장 의무를 완화해주고 있다.

주요 업종별	복식부기 의무자(10)	간편장부 대상자	기준 경비율	단순 경비율
가. 농업·임업 및 어업, 광업, 도. 소매업, 부동산매매업,	3억 원 이상자	3억 원 미만자	6천만원 이상자	6천만 원 미만
나. 제조업, 숙박 및 음식점업, 건설업, 운수업 및 창고업, 정보통신업, 상품중개업,	1억5천만 원 이상	1억 5천 만 원 미 만	3천 6백 만 원 이 상	3천 6백만 원 미만
다. 부동산임대업, 전문·과학 및 기술서비스업, 기타 개인 서비스업, 가구내 고용활동	7천5백만 원 이상	7천 5백 만 원 미 만	2천 4백 만원 이 상	2천 4백만 원 미만

〈단순경비율과 기준경비율 비교, 출처: 국세청 홈페이지〉

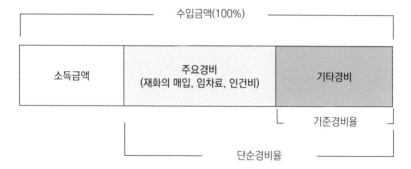

(2) 창업초기부터 복식부기로 장부를 작성해도 되나요?

단순경비율이나 기준경비율 적용대상이어도 장부를 작성하는 것이 필요할 수 있다. 다음과 같은 경우에는 장부를 작성하는 것이 좋다.

① 직전 사업연도 매출액이 4800만 원을 넘은 경우

장부를 기장하지 않는다면 무신고 납부세액의 20%를 무기장 가산세로 납부하여야 한다.

② 이월결손금 공제

초기에 투자를 많이 하여 결손이 발생한 경우 이후 사업연도에 소득에서 해당 결손금은 10년 동안 차감(2020년 이후에 발생한 결손금은 15년)이 되어 세금이 부과되는 과세표준이 낮아질 수 있는데, 기장을 하지 않는다면 결손금을 차감할 수 없다.

③ 실적 증명이 필요한 경우

은행에서 대출이나 관공서 등에서 입찰을 할 때 직전 사업연도에 대한 재무성과에 대한 서류를 요구하는 경우가 있다.

(3) 소득세(법인세) 신고할 때 절세방안은 무엇인가요?

① 적격증빙을 수취하자

세무상 비용(법인세법 손금, 소득세법 필요경비)으로 인정받기 위해서는 증빙이 필요하다. 거래 건당 금액(부가가치세 포함) 3만 원(접대비도 2021년부터 3만 원)을 초과하여 지출하는 경우에는 다음의 적격증빙 수취가 필수적이다. 비적격 증빙으로 손금으로 인정받으면 증명서류 수취 불성실 가산세(2%)를 부담하여야 하고 매입세액공제는 불가능하다.

〈적격증빙과 비적격증빙〉

구분	내용
정규지출증빙(적격증빙)	신용카드 매출전표, 현금영수증, 세금계산서(과세사업자 발행) 혹은 계산서 (면세사업자 발행)
비적격증빙	간이영수증, 거래명세서, 입금표, 지출결의서

② 가공경비를 계상하지 말자

실제 근무하지 않은 임직원이나 일용근로자의 급여를 지급한 것으로 처리하거나 실제 거래 없이 자료상으로부터 매입세금계산서를 수취하여 가공경비를 계상하는 경우가 있다. 다른 직원이 탈세 제보를 할 수도 있고, 세무조사 등에 의하여 확인되어 세금이 추징될 수 있으니 주의해야 한다.

③ 거래처 경조사비도 경비처리가 가능하다.

경조사비를 지출하면 건당 20만 원까지 접대비로 처리할 수 있다. 가능한 청첩장, 부고 카톡 등 증빙을 보관하고 증빙 자료가 없을 경우 일시/장소/내역/관계/금액 등을 기재하여 사진을 찍어 보관하는 습관을 들이는 것이 좋다.

④ 인건비는 반드시 계좌로 지급하자.

사업 초창기에는 인건비를 계좌가 아니라 현금으로 지급하여 관련 절세 혜택을 잘 받지 못하는 경우가 많다. 증빙 관리를 위해서 인건비는 현금 대신 계좌로 지급하여 근거를 남기는 것이 필요하다.

⑤ 경차나 9인 이상 차량, 화물차를 구매하자.

업무용 승용차는 연간 1500만 원까지는 업무용승용차 운행기록을 작성하지 않아도 비용처리가 가능하다. 한편, 일반 승용차를 구입과 임차 및 유지에 관한 매입세액은 부가가치세 공제는 불가능하나 경차나 9인 이상 차량, 화물차의 경우에는 부가가치세 매입세액공제도 가능하고 세무상 비용처리의 한도가 없다.

⑥ 창업 관련 세액공제 및 세액감면을 챙기자.

창업중소기업이란 수도권 외에서 창업하는 중소기업을 말하고 창업 벤처 중소기업이란 창업 후 3년 이내에 벤처기업으로 확인받은 중소기업을 말하며, 주요 혜택은 다음과 같다.

〈창업기업 관련 세제혜택〉

법인세, 소득세	지방세
-창업 후 소득발생연도부터 5년간 법인세 (소득세) 50%(최대 100%) 감면	-법인설립등기 등의 경우 등록면허세 면제 -창업 후 4년 내 취득한 사업용 자산의 취득세 75% 감면 -창업 후 5년간 재산세 50% 감면

⑦ 연구인력개발비 세액공제를 받자.

연구개발 등을 위한 연구소 또는 전담부서에서 직접 연구업무에 종사하는 직원의 인건비의 25%는 세액공제가 가능하다. 연구소가 없더라도 내일채움공제 회사 부담분의 25%에 대해서도 연구인력개발비 세액공제가 가능하다.

⑧ 중소기업 고용촉진 지원 혜택을 받자.

상시근로자 수가 직전 과세연도의 상시근로자 수보다 증가한 중소기업이라면 중소기업 사회보험료 세액공제와 고용을 증대시킨 기업에 대한 세액공제를 받자.

〈 중소기업 고용관련 세제혜택 〉

구분	세액공제금액
중소기업사회보험료공제 (해당연도와 그 다음해도 적용)	세액공제액 = ① + ② ① 청년 등 상시근로자 고용증가인원수 × 청년 등 상시근로자 고용증가인원에 대한 사용자의 사회보험료 부담액 × 100% ② 청년 등 외 상시근로자 고용증가인원수 × 청년 등 외 상시근로자 고용증가인원에 대한 사용자의 사회보험료 부담금액 × 50%(단, 신성장 서비스업을 영위한 중소기업은 75%)
고용증대 세액공제(해당연도와 그 다음 2년간 적용)	① 청년 등 상시근로자의 증가한 인원 수에 해당 금액을 곱한 금액 　가. 수도권 내: 1100만 원 　나. 수도권 밖: 1200만 원 ② 청년 등 상시근로자 외 상시근로자의 증가한 인원 수 해당 금액을 곱한 금액 　가. 수도권 내: 700만 원 　나. 수도권 밖: 770만 원

3. 서비스 대가를 지급할 때 일부를 제외하고 지급해야 하나요? (원천세, 4대 사회보험)

(1) 원천세

원천징수란 서비스 대가를 지급하는 사람이 서비스 대가 중 세금에 해당하는 부분을 서비스 제공자에게 지급하지 않고 과세관청에 대신 납부하는 것을 말한다. 직원을 고용할 경우에는 근로소득세 원천징수와 4대 사회보험 원천징수도 본격적으로 챙겨야 한다. 회사 외부에서 서비스를 받는 경우에도 서비스를 제공하는 주체에 따라서 원천징수 의무가 발생할 수 있다.

〈원천징수대상 세액 정리, 소득세법(법인세법)〉

구분	내용
근로소득	국세청에서 매년 제공하는 간이세액표를 근거로 하여 직원에게 급여를 지급할 때 원천징수를 하며 다음 달 10일까지 신고 및 납부
퇴직소득	퇴직금을 지급 시 원천징수하여 다음 달 10일까지 신고 및 납부
기타소득	일시적 비반복적인 인적용역을 제공받을 때 지급하는 소득으로 강연료, 심사료, 상표권 등의 자산이나 권리의 대여금액 등이 있다. 지급금액의 8.8%(필요경비 60%인 경우)를 원천징수한 후 원천징수영수증을 지급
사업소득	전문가로부터 고용 관계없이 독립된 자격으로 계속적·반복적인 용역을 제공받을 때 지급하는 소득으로 지급하는 금액의 3.3%를 원천징수한 후 다음 달 10일까지 신고 및 납부
이자소득	대여자별 원천징수여부 -거주자, 법인(비금융회사): 이자 지급 시 27.5%로 원천징수 -법인(금융회사): 이자 지급 시 원천징수 없음
배당소득	법인이 주주에게 배당금을 지급하는 경우 그 지급액의 15.4%를 배당소득세로 징수하여 징수일의 다음 달 10일까지 신고 및 납부, 법인에 배당금을 지급하는 경우에는 배당소득세를 원천징수하지 않으나 배당금 지급에 대한 지급명세서는 다음 해 2월 말일까지 제출

(2) 4대 사회보험은 무엇이고 보험료 지원이 되는 제도가 있나요?

① 4대 사회보험의 종류와 적용대상[(10)]

4대 사회보험의 적용대상자는 아래와 같고 일부 예외는 있으나 1개월간 소정근로시간이 60시간 미만인 단시간 근로자는 적용이 제외된다.[(11)]

〈 4대 사회보험 제도 안내 〉[(12)]

구분	국민연금	건강보험	고용보험	산재보험
적용 대상	국민연금 적용사업장에 종사하는 18세 이상 60세 미만의 근로자와 사용자	상시 1인 이상의 근로자를 사용하는 사업장에 고용된 근로자(연령제한 없음)	근로기준법에 따른 근로자	근로기준법에 따른 근로자
보험 요율	회사 4.5% 근로자 4.5%	회사 3.43% 근로자 3.43%, 장기요양보험료 = 건강보험료의 11.52%	회사 0.8% 근로자 0.8%, 기업 규모에 따라 달라질 수 있음.	업종에 따라 차등되며, 회사가 모두 부담

② 4대 사회보험-지원제도(두루누리 보험료 지원제도)

2021년 지원대상 및 기준은 근로자 수가 10명 미만인 사업장에 고용된 근로자 중 월 평균보수가 220만 원 미만인 신규가입자와 그 사업주이며, 국민연금·고용보험료의 80%를 지원해주고 있다. 다만, 사용자(개인사업장 사용자, 법인의 대표이사 포함) 본인의 보험료는 지원이 제외되며 여기서 신규가입자란 지원신청일 직전 1년간 국민연금·고용보험 취득 이력이 없는 근로자를 말하며 2018년 1월 1일부터 신규가입자 및 기존 가입자로 지원받은 기간을 합산하여 36개월까지만 지원된다. '기가입자'는 2020년 12월까지 지원하고 2021년부터 지원이 중단되었다.

4. 세무조사

창업자가 하나의 아이템을 성공시키기 위해서는 13단계의 과정을[13] 거쳐야 한다. 회사가 성장함에 따라 세무조사를 받게 될 가능성은 높아지고 회사에 큰 위협이 될 수 있다. 최근에 오스템임플란트가 세무조사로 자기자본의 32.89%에 해당하는 금액인 415억 원이 (세금으로) 부과된 사례가 좋은 예[14]가 될 수 있다. 그러면 국세청은 세무조사 대상을 어떻게 선정할까?

(1) 세무조사 선정사유

신고성실도가 낮을수록 조사대상에 선정될 가능성이 커지게 된다. 최근에 일부 고소득 유튜버에 대한 세무조사가 증가하고 있는 것이 그 좋은 예가 될 것이다.[15]

〈 세무조사 주요 선정사유, 조사사무처리규정 〉

구분	선정사유

정기 세무조사	① 국세청장이 납세자의 신고 내용에 대하여 정기적으로 성실도를 분석한 결과 불성실 혐의가 있다고 인정하는 경우 ② 최근 4과세기간(또는 4사업연도) 이상 같은 세목의 세무조사를 받지 아니한 납세자에 대하여 업종, 규모 등을 고려하여 신고 내용이 적정한지를 검증할 필요가 있는 경우 ③ 무작위추출방식으로 표본조사를 하려는 경우
비정기 세무조사	① 회계장부를 조작하여 세금을 탈루하는 수법으로 기업자금을 변칙적으로 유출, 기업주 등의 재산증식 또는 사적용도에 사용하는 경우 ② 자료상·무자료거래 등 세금계산서·계산서 수수질서 문란 및 신용카드 변칙거래 혐의가 있는 경우 ③ 현금거래비중이 높거나 신종 호황업종, 고도의 전문지식을 이용한 탈세, 독과점적 지위 등을 이용한 고수익이나 과다한 영업권(점포권리금 등)소득을 올리고도 세금을 탈루한 혐의가 있는 경우 ④ 실제 근무하지 않는 기업주 가족에게 급여지급, 법인명의 신용카드로 사적경비 지출 등 기업주 사적경비를 법인의 비용으로 처리한 혐의가 있는 법인

(2) 세무조사 대응방법

세무조사는 납세자가 직접 대응을 해도 되고, 공인회계사 등 세무대리인을 선임하여 대응할 수도 있다. 세무대리인을 선임한다면 Mock tax audit(세무진단)을 통해서 예상되는 과세위험을 파악할 수 있다. 세무조사 쟁점 중에는 국세청과 납세자 사이의 세법 해석의 차이에서 기인한 것이 많기 때문에 실제 세무조사에 대응하는데 도움이 된다. 하지만 매출누락, 가공경비 사용 등 잘못된 방법으로 회계세무관리를 하면 세무조사에 적발되어 엄청난 세금으로 폐업하는 경우도 생긴다. 일반적으로 세금부과는 5년 이전 사업연도부터 가능하기 때문에 모든 거래에 대해서 가능한 한 적격증빙을 수취하는 것이 세무조사 대응의 시발점이다.

5. 맺음말

창업자가 짧은 시간에 회계와 세무 지식을 가지기는 쉽지 않다. 다음과 같은 사항을 준비하면 적어도 회계와 세무 때문에 실패하는 일은 발생하지 않을 것이다.

- **사업자등록은 꼭 하자.**
- **적격증빙을 꼭 주고받자.**
- **사업용 계좌 및 사업용 신용카드 등록**
- **세금 납부용 통장과 세무일정표 만들기**

창업 성공이라는 목적지로 회사를 잘 운행하기 위해서 회계와 세무는 좋은 나침반이 되어 줄 것이며, 이 책을 읽는 모두가 좋은 선장이 될 것으로 기대한다.

⁸ 면세사업자나 간이과세자(과세특례자)로부터 재화 또는 용역을 공급받고 세금계산서를 발급 받은 경우, 사업자등록을 하지 아니한 사업자 또는 사업을 폐지한 자로부터 세금계산서를 발급 받은 경우도 세금계산서를 미수취한 것으로 본다.

⁹ 한편, 영업용 소형자동차에 대해서는 매입세액 공제가 가능하다. 영업용이란 직접 영업에 사 용하는 것을 말하며, 운수업자의 운수용 승용자동차, 자동차매매업자(중고자동차 매매업자를 포함)의 매매용 승용자동차 및 자동차대여업자의 대여용 승용자동차 등이 해당된다.

¹⁰ 변호사, 회계사, 세무사 등 전문직사업자는 직전연도 수입금액 규모에 상관없이 복식부기 의무자임

¹¹ 산재보험은 공무원재해보상법 등에 의하여 재해보상이 행하여 지는 자가 적용제외 된다.

¹² 4대 사회보험 정보연계센터 홈페이지

¹³. 문화로 창업하다, 박남규 저

¹⁴. 415억 원 중 조세심판원에서 일부 승소하여 272억 원 환급받았다. http://www.sejun-gilbo.com/news/articleView.html?idxno=23070

¹⁵. 구독자 10만 명의 유명 유튜버가 해외광고대가를 딸 명의 차명계좌로 송금 받고 소득세 탈 세, 20만 명의 팔로워를 가진 SNS 유명인이 1만 달러 이하로 소액 송금되는 해외광고대가 신 고 누락한 사례 등이 있다(국세청 블로그 참조).

에필로그

호서대 글로벌창업대학원은 나에게는 오아시스 같은 곳

'열한 가지 찐 창업 이야기'의 시작은 2012년으로 거슬러 올라간다. 창업대학원생이 주축이 되어 공동 출판을 한 경험이 있다. 2012년 4월, 8월, 12월, 총 3차에 걸쳐 출간하였다. 2010년 42세에 입학한 호서대 글로벌창업대학원은 나에게는 오아시스와 같은 곳이다. 100세 시대를 맞아 언젠가는 나만의 차별화된 포지셔닝을 가지는 것이 중요하다. 세상과 차별화된 N 차원의 전문성을 기반으로 하는 퍼스널브랜드 창직은 기존에 없는 창업 로드맵이다. 자신만의 그라운드를 만들고 새로운 문화 콘텐츠를 제조하는 것이 미래의 직업이 될 것이다. 이러한 확신을 구현할 수 있는 토대를 제공한 곳이 호서대 글로벌창업대학원이다.

전문가들이 모인 곳, 호서대 글로벌창업대학원

1994년 대우전자에 입사하여 2010년 중소기업을 그만두기까지 20년간은 남의 밑에서 배우는 시기였다면, 40대부터 기존 경험을 결합하여 차별화된 N 차원의 새로운 콘텐츠 관점을 만들고 제공하여 나만의 퍼스널브랜드를 만드는 일을 시작하였다. 이러한 가설을 증명하기 위하여 나를 대상으로 인생 실험이 시작된 곳이 호서대 글로벌창업대학원이다. 2021년 3월 현재 이러한 가설이 증명되기 시작하고 있다. 이미 내 생각에 동조하고 헌신한 사람들이 자신만의 퍼스널브랜드를 구축하고 이제는 창직에서 사업 아이템을 통한 창업으로 나아가고 있다. 여기 열한 가지 찐 창업 이야기는 자신만의 N차원을 개발하고 퍼스널브랜드 창직을 실천하는 미래의 콘텐츠 제조업 분야의 진정한 전문가들이다. 각 분야에서 이미 전문가이며, 단지 학문적인 소양을 갖추기 위해 호서대 글로벌창업대학원에 입학하여 학생으로서 겸손히 배우는 오픈마인드를 가진 사람들이다.

나의 가설을 증명해 준, 한현정 대표

한현정 대표와는 2015년부터 인연이 되었다. '해피쉐어링'을 통한 '지식을 모아 지혜를 나누다'를 몸소 실천하였다. 경력단절여성으로서 자녀를 키우는 부모의 입장에서 독서 모임을 통해 새로운 콘텐츠를 만들어내려는 열정이 결실을 맺고 있다. 2020년 마미킹을 통해 두 권의 책이 출판을 성공적으로 마무리할 즈음에, 예전부터 공감대를 가지고 기획해온 창업대학원생들의 이야기를 주제로 출간을 진행하게 되었다. 2015년 처음 만나서 상상했던 일들이 5년이 지나 현실로 구현되고 있는 것이다. 열정과 노력과 실천이 결합되어 꿈이 출판으로 증명되는 순간이다. 한현정 대표를 처음 만났을 때 기억은 현실에 대한 문제의식과 열정으로 똘똘 뭉친 여장부였다. 그 당시 생각의 렌즈가 다듬어져 있지는 않았지만, 열정적인 태도를 보았다. 역시나 남들이 가보지 않은 길 위에서 자신의 퍼스널브랜딩을 통해 롤모델이 되고 있어 나의 가설을 증명하는 1인이 있음에 감사하다. 과거에는 도움을 주었다면 이제는 도움을 받는 입장이 되었음에 보람을 가진다. 두 번의 출판 매니

지먼트 경험을 높이 평가하여 이번에 '열한 가지 찐 창업 이야기'를 의뢰하였으며, 석 달 동안의 노력이 결실을 맺었다.

언택트 시대, 온라인 출판의 새로운 길을 제시

매주 토요일 저녁 여덟 시부터 열한 시까지 줌(ZOOM)을 통해 체계적으로 출판을 진행하였다. 코로나 팬데믹이라는 특수한 환경에서 비대면으로 인도와 프랑스에 있는 멤버들이 참여하여 프로젝트를 진행하는 새로운 경험을 했다. 앞으로 온라인 상에서 시간과 공간의 제약 없이 출간을 진행하는 사례는 새로운 출판 사례가 될 수 있을 것이다. 총괄 기획을 맡은 한현정 대표와 현재 인도에 거주하면서 매끄러운 진행을 해준 최선양 멘토, 보이지 않는 곳에서 수고한 프랑스에 거주 중인 안선미 표지디자이너와 편집 및 교정의 수고를 해 준 이지영 선생님에게 진심으로 감사의 마음을 표한다. 믿고 따라 준 호서브랜딩출판 1기에 참여한 호서대 글로벌창업대학원생들에게 감사한 마음이다. 곽준철, 김은경, 김현주, 박채연, 신승희, 양정숙, 이경섭, 이미경, 임현찬, 정이숙 제자에게 행복과 축복이 함께 하길 기도한다. 현업에서도 시간적으로나 정신적으로나 육체적으로 한계 상황에서 이를 이겨내고 극복한 정신력에 박수를 보낸다.

출판을 통해 공식화되는 퍼스널브랜드

내가 어떤 생각을 가지고 있고 세상에 어떤 도움을 줄 수 있다는 자신만의 카탈로그이며, 일회성이 아닌 ISBN을 통해 지적재산권으로 등록되는 법적인 보호를 받는 과정이다. 책을 통해 공신력이 생기며 네이버에 자신을 수

식하는 퍼스널브랜드가 각인된다. 또한 그러한 과정을 통해 성장하였기에 이러한 경험을 공유하고자 출판을 진행하게 되었다.

그동안 물심양면으로 도와주신 관계자분들께 다시 한번 감사의 마음을 표합니다.

2021년 3월 30일 일요일 호서대학교 글로벌창업대학원 창업경영학과 박남규 드림